情報工学レクチャーシリーズ

コンピュータ
グラフィックス

佐藤 淳＝著

森北出版株式会社

情報工学レクチャーシリーズ

■ 編集委員

高橋	直久	名古屋工業大学名誉教授 工学博士
松尾	啓志	名古屋工業大学大学院教授 工学博士
和田	幸一	法政大学教授 工学博士

五十音順

「情報工学レクチャーシリーズ」の序

　本シリーズは，大学・短期大学・高専の学生や若い技術者を対象として，情報工学の基礎知識の理解と応用力を養うことを目的に企画したものである．情報工学における数理，ソフトウェア，ネットワーク，システムをカバーし，その科目は基本的な項目を中心につぎの内容を含んでいる．

　　「離散数学，アルゴリズムとデータ構造，形式言語・オートマトン，信号処理，符号理論，コンピュータグラフィックス，プログラミング言語論，オペレーティングシステム，ソフトウェア工学，コンパイラ，論理回路，コンピュータアーキテクチャ，コンピュータアーキテクチャの設計と評価，ネットワーク技術，データベース，AI・知的システム，並列処理，分散処理システム」

　各巻の執筆にあたっては，情報工学の専門分野で活躍し，優れた教育経験をもつ先生方にお願いすることができた．

　本シリーズの特長は，情報工学における専門分野の体系をすべて網羅するのではなく，本当の知識として，後々まで役立つような本質的な内容に絞られていることである．加えて丁寧に解説することで内容を十分理解でき，かつ概念をつかめるように編集されている．

　情報工学の分野は進歩が目覚しく，単なる知識はすぐに陳腐化していく．しかし，本シリーズではしっかりとした概念を学ぶことに主眼をおいているので，長く教科書として役立つことであろう．

　内容はいずれも基礎的なものにとどめており，直感的な理解が可能となるように図やイラストを多用している．数学的記述の必要な箇所は必要最小限にとどめ，必要となる部分は式や記号の意味をわかりやすく説明するように工夫がなされている．また，新しい学習指導要領に準拠したレベルに合わせられるように配慮されており，できる限り他書を参考にする必要がない，自己完結型の教科書として構成されている．

　一方，よりレベルの高い方や勉学意欲のある学生のための事項も容易に参照できる構成となっていることも本シリーズの特長である．いずれの巻においても，半期の講義に対応するように章立ても工夫してある．

　以上，本シリーズは，最近の学生の学力低下を考慮し，できる限りやさしい記述を目指しているにもかかわらず，さまざまな工夫を取り込むことによって，情報工学の基礎を取りこぼすことなく，本質的な内容を理解できるように編集できたことを自負している．

高橋直久・松尾啓志・和田幸一

序　文

　コンピュータグラフィックスは，映画やゲームはもちろんのこと，近年では医療支援や学習支援などさまざまな分野で活用されている．とくに今日では，現実世界の情報とコンピュータグラフィックスによって生成した仮想情報とを融合することで，私たちにより多くの有益な情報が提示されるようになり，現実世界の中でコンピュータグラフィックスの技術がさまざまな形で活かされつつある．

　コンピュータグラフィックスが3次元の世界を2次元の画像に投影する技術であるのに対して，これとは逆に2次元の画像情報から3次元の世界のことを知ろうとするコンピュータビジョンとよばれる技術がある．コンピュータビジョンは，私たち人間が目で得た情報からいかにして3次元の世界を認識しているかを考える非常に難しい技術である．しかし，本書で扱うコンピュータグラフィックスの技術が進展することで，私たちの世界に満ち溢れている光が，どのような過程をふんで視覚情報として画像化されるのか，その詳しい生成過程が明らかになり，この結果，コンピュータグラフィックスの逆問題を扱うコンピュータビジョンの技術も大きく進展しつつある．

　このように，コンピュータグラフィックスは，それ自身が現実世界の中で活用されるとともに，他の関連技術の今日の進歩に大きく寄与している．それは，コンピュータグラフィックスが，単に綺麗な画像や写実的な画像を生成するための技術なのではなく，私たちが生活している現実世界を画像として観測する場合における観測の過程を正確にモデル化する技術だからである．このような観測過程のモデル化技術として，コンピュータグラフィックスが果たす役割は今後ますます大きくなることだろう．

　さて，コンピュータグラフィックスの基本をしっかりと修得するためには，数式による理解を欠かすことはできない．しかし，とかく数式はとっつきにくく，初学者にとってはハードルとなりがちである．そこで本書では，それぞれの数式が表す意味合いをできるだけ具体的な図の形にして説明することで，コンピュータグラフィックスの重要な内容についてのしっかりとしたイメージがもてるよう工夫した．また，コンピュータグラフィックスの技術は日進月歩であり，いまこの瞬間にも新しい技術が次々と生まれているが，本書では根本となる考え方を理解することに主眼を置き，小手先のテクニックを述べることは極力避けた．これは，本書で基礎を十分に身に付けた読者であれば，その先の技術は自ら開拓できると考えるからである．

　本書を通して，私たちが生きている現実世界を画像として観測し，モデル化することの面白さや素晴らしさをぜひ多くの方々に味わっていただき，本分野の学習の一助としていただければ幸いである．

　最後に，本書執筆の機会を与えていただき，また多数の有益なコメントをいただいた名古屋工業大学の松尾啓志教授に深く感謝するとともに，長期間にわたって熱心に本書執筆のお世話をいただいた森北出版の加藤義之氏に厚く御礼申し上げる．

2017 年 9 月

佐藤　淳

目　　次

第1章

コンピュータグラフィックス序論

1.1 活躍するコンピュータグラフィックス

　コンピュータグラフィックス（CG）は，仮想的な3次元の世界をコンピュータ上に作り，この3次元の世界をさまざまな環境条件や観測条件のもとで観測したときの画像を生成する技術である．今日では，映画やゲームなどのエンターテイメント分野で活用される一方で，医療分野や工業製品などにおいてもユーザーのためのよりよいインターフェースを構築するために活用されている．

　とくに近年では，実際の情景をカメラで撮影した実写画像に対してコンピュータグラフィックスで生成した仮想情報を付加したり，半透明なディスプレイを用いて実際の情景に仮想情報を重畳する技術などが進展し，実生活の中でコンピュータグラフィックスの恩恵を受ける機会が増えつつある．

　たとえば，ITS分野においては，ドライバーから死角となって見えない部分の情報をドライバー視点の映像にCG合成することで，図1.1に示すように，仮想的に死角の情報をドライバーに対して提示するドライバー支援システムなどが考えられている．また，医療分野では，医師に対してCG画像を患部に重ねて提示することにより，手

（a）ドライバーから見た実際の画像　　　（b）死角情報（後方車両）を重畳した画像

図 1.1　仮想死角提示システム（別視点カメラの画像情報をもとに死角情報を重畳）

図 1.2　仮想陶芸システム(現実の情景への仮想粘土の重畳)

術や診断の支援を行う医療支援システムなどが考えられている．学術教育分野においては，失われた遺跡を仮想的に復元して実際の現場において視点に合わせて提示するシステムや，仮想陶芸システム(図 1.2 参照)などのさまざまな仮想体験システムが開発されている．

　一方，コンピュータグラフィックスは近年技術的にも大きく進展した．これは，実際の物理現象の数理的な解明が進んだことで，より現実に則した物理モデルに基づく CG 表現が可能になったことや，コンピュータグラフィックスの逆問題を扱うコンピュータビジョン(CV)の研究とコンピュータグラフィックス(CG)の研究との交流が深まり，CG と CV を融合した技術の研究開発が進展しつつあることなどが背景にある．さらには，コンピュータの処理能力が格段に向上したことで，これまで扱うことが難しかった大規模かつ複雑な処理が可能になったことも大きい．

　このように，単なる仮想の世界を扱う技術であった CG 技術は，実世界の 3 次元情報を扱う技術などと一体化することで，今日では実社会の中でさまざまな形で役立つ技術として広く活用されつつある．

1.2　コンピュータグラフィックスの生成過程

　コンピュータグラフィックスにおける CG 画像の生成は，図 1.3 に示すように，いくつかのステップに分けて考えることができる．

①　3 次元モデルの生成

　CG 画像生成の最初のステップは，仮想的な 3 次元物体をコンピュータ内に作り上げることである．コンピュータ内に作成した 3 次元物体は 3 次元モデルとよばれる．3 次元モデルを生成したりコンピュータ内に保存したりするためには，3 次元モデルをコンピュータ内でどのように表現するかが重要となる．3 次元モデルの表現にはさまざまな方法が考えられるが，その後に続く処理を考えれば，複雑な 3 次元物体であっても少ないデータ量で表現できることが望ましい．また，動きのある物体の場合には，変形しやすいデータ表現であることも重要である．

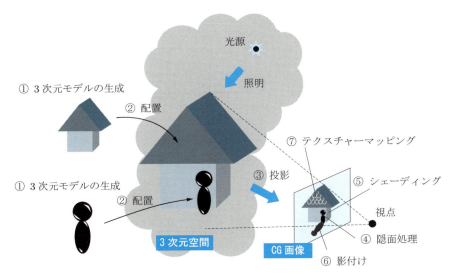

図 1.3　コンピュータグラフィックスの生成過程

このため，コンピュータグラフィックスでは，数式による形状表現やポリゴンと
よばれる平面の集合による形状表現などが用いられる．本書では，第 2 章と第 3
章でこれらの形状表現法について学習する．

②　3 次元モデルの配置

　人や家などの個々の 3 次元モデルができあがったら，つぎにはこれらを一つの
3 次元空間中に配置し，3 次元の仮想世界を作り上げることになる．このような
3 次元モデルの配置は，回転や並進などの幾何学的変換によって行うことができ
る．また，配置する前に，作成した 3 次元モデルの形状変形を行う場合もある．
本書では，第 4 章と第 5 章でこのようなモデルの配置やモデルの形状変形で用い
る幾何学的変換について学習する．

③　3 次元から 2 次元への投影

　3 次元モデルを配置して一つの仮想 3 次元空間ができあがったら，つぎにこれ
を投影して CG 画像を得る．このようにして生成された CG 画像は見る位置に
よって異なるため，目的とする視点における CG 画像をいかにして生成するかが
重要となる．また，3 次元から 2 次元への透視投影のもとでは，3 次元空間中にお
いて無限に遠い点が 2 次元画像上において有限な点として投影されるなど，ユー
クリッド幾何では扱えない現象が発生する．そこで本書では，第 6 章で無限遠ま
で扱うことができる射影幾何を導入し，それに基づいて投影を理解する．

④　隠面処理

　3 次元モデルを生成し，配置して投影を行うと，とりあえず CG 画像ができあ
がるが，この段階ではできあがった画像はリアリティーに大きく欠ける．その原
因の一つは，図 1.4 (a)に示すように，本来は見えないはずの隠れ線や隠れ面が見
えてしまっているためである．そこで図 1.4 (b)に示すように，見えないはずの隠

（a）投影像　　　（b）隠面処理を行った画像　　（c）シェーディングを行った画像

図 1.4　隠面処理とシェーディング

れ面を消去する隠面処理を施す．隠面処理を行うと物体どうしの前後関係が明瞭になり，3次元らしさが伝わるようになる．隠面処理は，視点に対する物体の前後関係などの物体と視点との幾何学的な関係に基づいて行われる．本書では，第7章でいくつかの基本的な隠面処理の方法について学ぶ．

⑤　**シェーディング**

　　隠面処理を行った CG 画像は，3次元空間中における物体どうしの前後感を正しく伝えることができる．しかし，現実味という点ではまだ不十分である．その原因は，物体の立体感や質感を表す非常に重要な情報である陰影情報がないからである．

　　陰影（shade）は，物体が光源に照らされている状況下において，光源に対する物体の面の方向に応じてその面の明るさが変化する現象である．人の顔は一面同じような肌色をしているにもかかわらず，鼻の凹凸などが非常によく知覚できるのは，このような陰影情報のおかげである．このように，人は，陰影の付き方や光の反射の具合によって，物体の大まかな3次元形状や物体の素材がもつ質感までをも得ることができる．したがって，正しく陰影情報を付加することは3次元物体の様子を正しく伝えるうえで非常に重要である．図 1.4 (c)は図（b）に対して陰影情報を与えたものであるが，球の曲面形状などは陰影情報を与えることで初めて正しく伝えることができることがわかる．このように陰影情報を与えることを，陰影付けまたはシェーディングとよぶ．本書では，第9章でシェーディングにおいて必要となる反射の数理モデルについて学び，第10章でこの反射モデルに基づくシェーディング法について学習する．

⑥　**影付け**

　　物体の立体感や位置関係を伝えるうえで陰影情報と同様に非常に重要なものが影情報（shadow）である．影は，光源から物体に向かう光が他の物体によって遮られることによってその物体に届かなくなり，光が届かなくなった領域が暗くなる現象である．このような影を正しく付けることにより，図 1.5 に示すように，床に接している物と床から浮いている物との区別が明確になるなど，3次元空間における物体どうしの位置関係がより明確に伝わるようになる．CG においてこのような影を付けることを影付けまたはシャドウイングとよぶ．影付けは，光源と

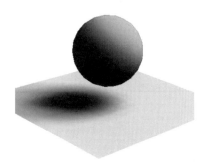

（a）床に接した物体 　　　　　　　　　　　　（b）床から浮いた物体

図 1.5 影付け

物体と視点との間の幾何学的な関係に基づいて行う．本書では，第 11 章でその原理について学ぶ．

⑦ **テクスチャーマッピング**

　シェーディングや影付けを施した面は模様のないのっぺりとした面であるが，実際の 3 次元物体では往々にして物体表面にテクスチャー（模様）が存在する．このテクスチャーは，その物体がもつ意味を伝えるうえで非常に重要である．たとえば，同じ球体であっても，図 1.6 (a) のように世界地図の模様をもつ場合には人はこれを地球であると認識し，図 1.6 (b) のように五角形と六角形の白黒模様がある場合にはサッカーボールとして認識する．また，サッカーボールの白黒模様は面の向きに応じて歪んで見えるが，この歪みのおかげで観測者はこれが球体であることを知覚することができる．このように CG 画像中において，それぞれの物体のテクスチャー情報を正しく与えることは，物体がもつ意味や形状情報を正しく伝えるうえで非常に重要である．物体に対してテクスチャー情報を与えることをテクスチャーマッピングとよぶ．本書では，第 12 章で平面上に生成したテクスチャーをいかにして曲面物体に対してマップするかについて学ぶ．

　テクスチャーは，従来は人工的に作成したものを用いることが多かったが，近年ではカメラで撮影した画像をテクスチャー情報として用いることで，より高い写実性をもたせることも少なくない．この場合には，物体形状は仮想的に作成したものであるが，その上に張り込まれたテクスチャーは現実物体のものであるた

（a）模様 1 　　　　　　　　　　　　（b）模様 2

図 1.6 テクスチャーマッピング

め，できあがったCG映像は，仮想映像か現実映像かの区別が曖昧である．このように，現代ではCG技術が高度に進化しているため，次第に現実と仮想との境界が曖昧になりつつある．

⑧　**よりリアルなCG画像生成**

　3次元モデルの生成から影付けまでの一連の処理を行うと，一定の現実味をもったCG画像が生成できる．しかし，ガラスなどの半透明な物体，金属などのように他の物体が映りこんで見える物体，霧や煙などのように光を散乱させる物体などを表現しようとすると，さらに高度な技術が必要となる．光の透過や多重反射を表現する有力な方法として光の道筋を逐一追跡していくレイトレーシング法が知られている．レイトレーシング法は処理コストの非常に大きな方法であるが，できあがるCG画像は，物質の透明感や金属感などの素材感を伝える非常にリアルなものとなる（図1.7参照）．

　また，レイトレーシングでは扱うことのできない間接光の拡散反射を正確に扱う方法としてラジオシティ法などがある．ラジオシティ法は，窓から差し込んだ光が床や壁などで反射を繰り返して部屋の中全体をぼやっと照らしている情景など，間接光の拡散反射が支配的な状況下において，非常にリアリティーの高いCG画像を生成できる方法である（図1.8参照）．

　本書では，第13章でレイトレーシングについて学び，第14章でラジオシティ法の基本原理について学ぶ．

図1.7　レイトレーシング法

図1.8　ラジオシティ法

第2章

形状表現法

keywords

ワイヤーフレームモデル，サーフェスモデル，ソリッドモデル，有向稜線，有向面，
境界表現，ウィングドエッジデータ構造，プリミティブ，CSG 表現

　本章では，3次元物体や2次元物体を表現するためのさまざまな形状表現法について学習する．コンピュータグラフィックスでは3次元空間中の物体とこれを投影した2次元画像を扱うことから，3次元物体や2次元物体をコンピュータ上で適切に表現する必要がある．物体の表現法にはさまざまなものがあり，場合に応じて適切に使い分けることが重要である．本章では，それぞれの表現法がもつ性質をよく理解し，目的に応じて適切に表現形式が使い分けられるようになることを目標とする．

2.1 さまざまな形状表現法

　物の形を表現するにはさまざまな方法が考えられる．たとえば，図2.1 (a)のような形を表現しようとするとき，私たちは「三角形」という言葉を用いるが，これも一つの形状表現法である．このような言葉による表現は，非常に抽象度が高く効率がよい．一方このような表現法では，この三角形のそれぞれの辺の長さなどが不明であり，厳密な形を表現することは難しい．また，この三角形が置かれている位置や姿勢なども言葉では表現しづらい．

　これに対して，形を数学的に扱うことができれば，形や位置，姿勢が正確に表せるだけでなく，形を変形させるなど多くの応用が可能となる．たとえば，図2.1 (a)のような形は，図2.1 (b)のように点の集合（点の座標値の集合）として表現できる．これは形を数学的に扱ううえでもっとも原始的な形の表現方法であり，シンプルであるがゆ

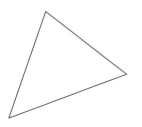 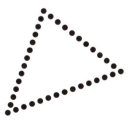 

（a）「三角形」　　　（b）点の集合による表現　　　（c）頂点による表現

図 2.1　さまざまな形状表現法

えにさまざまな用途で用いられている．しかし，点の集合として形を表現するには，すべての点の座標値を保持する必要があるため，一つの形を表現するのに多くのデータ量を必要とする．

より少ないデータ量で同じ形を表現するためには，より抽象的な表現を用いればよい．たとえば，先ほどの形は図 2.1 (c) のように三つの頂点を指定すれば，これらの頂点を結ぶ線分として表現できる．この場合には必要なデータは三つの頂点の座標値とそれぞれの頂点の接続関係のみであるため，点の集合による表現に比べてはるかに少ないデータ量で同じ形を表現できる．また，三つの頂点で表現する代わりに，三つの線分の式によってこの形を表現することもできる．数式で表された形は，表現がコンパクトであるだけでなく，簡単な操作で自由に形状変形できたり，物体どうしの交差の有無などが数式を解くことで得られるなど優れた性質をもっている．

このように，形を表現するにはさまざまな方法が存在する．次節以降では，形を表現するために用いる基本要素に着目し，この基本要素の違いをもとに形状表現法を分類して考える．

2.2　3 次元物体を表現するための基本要素

複雑な 3 次元形状を効率よく表現するためには，線や面や立体などの基本要素を用意し，これらを組み合わせる．

図 2.2 (a) は，線を基本要素として用い，線の集合として一つの 3 次元形状を表現したものであり，**ワイヤーフレームモデル**（wire frame model）とよばれる．ワイヤーフレームモデルは線のみでできており，面の情報がないため，本来は他の面に隠れて見えないはずの線が見えてしまったり，面に色を塗ったり陰影を付けるといったことは行えない．

これに対して図 2.2 (b) は，面を基本要素として用い，面の集合として形状を表現したものであり，**サーフェスモデル**（surface model）とよばれる．サーフェスモデルでは，面が存在しているため，他の面で隠れて見えない面や線を正しく隠蔽して表示したり，面に色や陰影を付けることができる．しかし，サーフェスモデルは，物体境界の面を規定しているだけであり，これらの面のどちら側の空間が物体領域なのかがわ

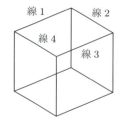  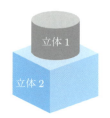

（a）ワイヤーフレームモデル　　（b）サーフェスモデル　　（c）ソリッドモデル

図 2.2　形状表現の基本要素

からない．このため，複数の 3 次元物体が存在する場合に，これらの物体どうしが空間中で干渉しているかどうかの判定ができない．

一方，図 2.2 (c)は，簡単な立体を基本要素として用い，基本立体を組み合わせることで複雑な形状を表現したものであり，**ソリッドモデル**(solid model)とよばれる．ソリッドモデルでは，物体の中と外との区別がついているので，物体どうしの干渉がわかるだけなく，基本立体の和や差や積などの集合演算を行うことで，より複雑な 3 次元形状が表現できる．ソリッドモデルは，基本立体の集合によって表現する方法のほかに，面に表裏の情報を与えることで表現する方法もある．

以下では，これら三つの形状表現モデルについて詳しく説明する．

2.3　ワイヤーフレームモデル

ワイヤーフレームモデルは，**頂点**(vertex)と**稜線**(edge) によって 3 次元形状を表現する形状表現モデルである．たとえば，図 2.3 に示す四面体の形状を表現する場合に，この物体がもつ四つの頂点に V_i ($i = 1, \dots, 4$)という記号を付け，六つの稜線に E_j ($j = 1, \dots, 6$)という記号を付ける．そして，これらの頂点と稜線に関する情報を記述した表を形状情報としてコンピュータに記憶する．表 2.1 (a)に示すように，頂点表には各頂点の 3 次元座標(X, Y, Z 座標)を登録し，稜線表には表 2.1 (b)に示すように，各稜線がどの頂点とどの頂点を結ぶ直線であるかを登録する．

この表現方法は，データ構造が非常にシンプルであるが，面の情報をもっていないため，輪郭線で囲まれた領域に面があるのかないのかの区別をつけることはできない．このため，本来は手前の面で隠されて見えないはずの奥の稜線が見えてしまったり，複数の面どうしが交わっているかどうかの交差判定を行うことができないなどの問題がある．

たとえば，図 2.4 に示すように，ワイヤーフレームモデルで表現された面に対してボールを投げたとき，ボールがこの面を通過して向こうへいくことができるのか，それともこの面で跳ね返るのか，ワイヤーフレームモデルではこの二つを表現し分けることができない．すなわち，的抜きゲームを作ろうとしても，この形状表現モデルでは作ることができない．

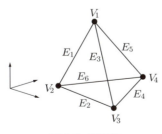

図 2.3　四面体

表 2.1　ワイヤーフレームモデルのデータ構造

(a) 頂点表

頂点＼座標	X	Y	Z
V_1	1.5	3.7	4.6
V_2	$\cdots$	$\cdots$	$\cdots$
V_3	$\cdots$	$\cdots$	$\cdots$
V_4	$\cdots$	$\cdots$	$\cdots$

(b) 稜線表

稜線	頂点	
E_1	V_1	V_2
E_2	V_2	V_3
E_3	V_1	V_3
E_4	V_3	V_4
E_5	V_1	V_4
E_6	V_2	V_4

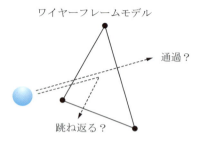

ワイヤーフレームモデル

通過？

跳ね返る？

図 2.4　ワイヤーフレームモデルにおける交差判定

2.4　サーフェスモデル

サーフェスモデルは，頂点と稜線と**面**（face）を用いて 3 次元形状を表現する形状表現モデルである．サーフェスモデルでは，多角形の面の集合として複雑な面の形を表現する**ポリゴン表現**（polygonal representation）や，曲面を表現できる数式を用いて面の形状を表現する**パラメトリック表現**（parametric representation）などが用いられる．パラメトリック表現については，第 3 章において詳しく学習するので，ここではポリゴン表現について例を挙げて説明する．

図 2.5 に示す四面体を表現する場合を再び考えよう．サーフェスモデルでは，先に述べた頂点表，稜線表に加えて，それぞれの面がどの稜線で囲まれた面であるかを示す面表（表 2.2）をもつ．この三つの表により，面の情報を含む 3 次元形状を一意に定めることができるようになる．

サーフェスモデルでは，空間中のどの領域に面があるかという面の情報をもっているため，他の面で隠れて見えない面や稜線を正しく隠したり，面に色付けができるだけでなく，複数の面どうしが交わっているか，あるいは面と直線とが交わっているか，といった面や線との交差判定を行うこともできる．

しかし，サーフェスモデルでは，面のどちら側が物体の領域であるかという情報，すなわち面の表裏の情報をもっていないため，たとえば直方体がサーフェスモデルで表現されている場合に，図 2.6 (a) のようにこの直方体の内部が物体領域なのか，それとも図 2.6 (b) のように外部が物体領域で直方体状の中空領域が内部にあるのか区別がつかない．このため，複数の物体が存在する場合には，これらの物体どうしが 3 次

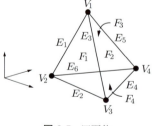

図 2.5　四面体

表 2.2　サーフェスモデルのデータ構造（面表）

面	稜線		
F_1	E_1	E_2	E_3
F_2	E_3	E_4	E_5
F_3	E_1	E_5	E_6
F_4	E_2	E_4	E_6

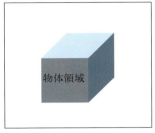

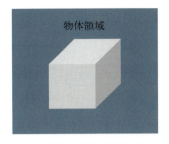

（a）内部が物体領域（中実）　　　　　（b）外部が物体領域（中空）

図 2.6　サーフェスモデルにおける物体領域

元空間中で干渉し合っているかどうかという体積の交差判定を行うことができない．たとえば，図 2.6（b）の状態であれば直方体内部にボールを置くことができるが，図 2.6（a）の状態の場合には直方体内部にボールを置こうとすると物体どうしが干渉してしまい置くことができない．サーフェスモデルでは，このどちらの状態なのかを表現し分けることができない．

2.5　ソリッドモデル

　ソリッドモデルは，サーフェスモデルに対して面の表裏の情報を加えることにより，面のどちら側が物体領域であるかを判別できるようにしたモデルである．このため，サーフェスモデルではできなかった物体どうしの交差判定などが可能になる．

　ここではソリッドモデルの代表的な例として，有向稜線による表現，境界表現，CSG表現の三つについて説明する．

2.5.1　有向稜線による表現

　いま，図 2.7 に示すように，V_i, V_j, V_k という三つの頂点があり，これらの頂点間を結ぶ稜線に対して矢印に示すような向きが付けられていたとする．これらの稜線の向きは，面を一周するループを構成するように付けられる．

　このように向きの情報が与えられた稜線のことを**有向稜線**(oriented edge)とよぶ．

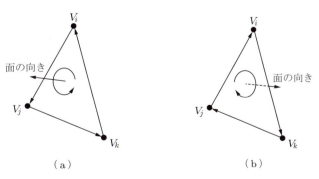

図 2.7　有向稜線

これは，相反する方向に向きが付けられた二つの稜線のうちの一方であることから**半稜線**(half-edge)ともよばれる．

　このとき，図2.7 (a)に示すように，反時計周りに一周するように稜線の向きが付けられている場合には，この面の向きは紙面から手前に飛び出す向きであると定める．すなわち，物体が占める領域は紙面の向こう側であるとする．逆に，図2.7 (b)のように，時計周りの場合には，この面は紙面から奥に向かっており，紙面の手前側が物体領域であると考える．このようにして向きを付けられた面を**有向面**(oriented surface)とよぶ．

　このように，有向稜線を用いると，面に向きをもたせることができるようになり，この結果，3次元物体の存在領域が面の手前側なのか奥側なのかの区別ができるようになり，ソリッドモデルの性質をもたせることができる．

　図2.8と表2.3は，有向稜線を用いて先と同じ四面体を表現したものである．ただし，四面体の内部が物体領域であり，外部が非物体領域であるとする．各稜線に対して図2.8に矢印で示すように向きが付けられているとき，この四面体のそれぞれの有向面は表2.3のように表される．稜線番号にマイナス記号が付いているものは，図2.7の定義に対して，稜線の方向が逆方向であることを表している．たとえば，面F_1はE_1，E_2，$-E_3$というループをもつことから，この面は紙面手前側に向いており，したがって物体領域は紙面の向こう側となる．表2.3のように各面の向きを示したものを**有向面表**(oriented surface table)とよぶ．有向稜線に基づいて作られた有向面表は，各面のどちら側が物体領域かを明確に表しており，ソリッドモデルの表現となっている．

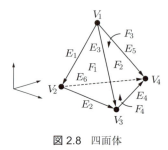

図2.8　四面体

表2.3　有向稜線による表現
　　　　（有向面表）

面	有向稜線		
F_1	E_1	E_2	$-E_3$
F_2	E_3	E_4	$-E_5$
F_3	$-E_1$	E_5	$-E_6$
F_4	$-E_2$	E_6	$-E_4$

　有向面表は，稜線のループの向き（左回り，右回り）を表すものなので，各行に登録された有向稜線の順番や正負の符号は合っていなければならないが，どの稜線から登録が始まっていてもかまわない．たとえば，表2.3の有向面表において，F_1の行の稜線はE_2，$-E_3$，E_1の順番で登録されていてもかまわない．

2.5.2　境界表現(B-Rep)

　境界表現は，有向稜線の考え方をもとに頂点や稜線や面の間の接続関係に関する情報を与えた形状表現法である．物体と非物体との境界をもとにしたソリッドモデル表現であることから**境界表現**(boundary representation)あるいは**B-Rep**とよばれる．

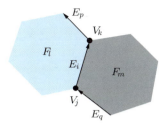

図 2.9　ウィングドエッジ

表 2.4　ウィングドエッジデータ構造による表現

稜線	始点	終点	左面	右面	左稜線	右稜線
⋮	⋮	⋮	⋮	⋮	⋮	⋮
E_i	V_j	V_k	F_l	F_m	E_p	E_q
⋮	⋮	⋮	⋮	⋮	⋮	⋮

境界表現では，それぞれの稜線を中心にこの稜線に隣接する頂点や稜線や面の情報を表した**ウィングドエッジデータ構造**（winged edge data structure）が用いられる．

　ウィングドエッジデータ構造では，図 2.9 に示すように，それぞれの稜線 E_i について，その始点 V_j，終点 V_k，左に隣接する左面 F_l，右に隣接する右面 F_m，左面に出ていく左稜線 E_p，右面から入ってくる右稜線 E_q の六つを考え，表 2.4 に示すように，これらの情報をもたせたデータ構造をもつ．図 2.9 からわかるように，稜線を中心として羽を開いたように見えることからウィングドエッジデータ構造とよばれる．

　たとえば，図 2.8 に示す四面体の場合には，そのウィングドエッジデータ構造は表 2.5 のように記述される．ただし，四面体の内部が物体領域であり，外部が非物体領域であるとする．稜線番号にマイナス記号が付いているものは，図 2.9 のように定義された稜線方向に対して，図 2.8 のもともとの稜線がもっている方向が逆方向であることを表している．

　ウィングドエッジデータ構造からは，以下の手順によって，面 F_n の有向面表が生成できる．

　　① ウィングドエッジデータ構造の表中において面 F_n を見つける．
　　② 見つけた面 F_n が左面である場合にはその行の左稜線を参照し，右面である場合には右稜線を参照する．ただし，右稜線の場合にはその稜線の正負を反転する．
　　③ ②で得られた稜線の番号を有向面表の F_n の行に登録し，ウィングドエッジデータ構造の表においてこの稜線の行に移動する．
　　④ 移動した稜線の行を探索し，面 F_n を探す．

表 2.5　図 2.8 の四面体のウィングドエッジデータ構造による表現

稜線	始点	終点	左面	右面	左稜線	右稜線
E_1	V_1	V_2	F_1	F_3	E_2	$-E_5$
E_2	V_2	V_3	F_1	F_4	$-E_3$	$-E_6$
E_3	V_1	V_3	F_2	F_1	E_4	$-E_1$
E_4	V_3	V_4	F_2	F_4	$-E_5$	E_2
E_5	V_1	V_4	F_3	F_2	$-E_6$	$-E_3$
E_6	V_2	V_4	F_4	F_3	$-E_4$	E_1

表 2.6　有向面表の生成

面	有向稜線		
F_1	E_2	$-E_3$	E_1
F_2			
F_3			
F_4			

　　⑤ ②から④を繰り返し，最初に見つかった F_n に戻ったら処理を終了する.

　　たとえば，表 2.5 のウィングドエッジデータ構造の場合には，この表を左上から右方向に順にみていくと，まず F_1 が見つかる. F_1 は左面として登録されているので，この行の左稜線を参照すると E_2 が登録されている. そこで，表 2.6 の有向面表の F_1 の行に E_2 を登録し，表 2.5 の E_2 の行に移動する. E_2 の行を左から右にみていくと，今度も F_1 が左面として出てくる. このため，この行の左稜線に移動すると，$-E_3$ が登録されていることがわかる. そこで，表 2.6 の有向面表の F_1 の行に $-E_3$ を登録し，表 2.5 の E_3 の行に移動する. E_3 の行を左から右にみていくと，今度は F_1 が右面として出てくる. そこで，この行の右稜線に移動すると，$-E_1$ が登録されていることがわかる. 右稜線なので $-E_1$ の正負を反転させて E_1 を表 2.6 の有向面表の F_1 の行に登録し，表 2.5 の E_1 の行に移動する. E_1 の行を左から右にみていくと，最初に開始した F_1 に戻るので，これで F_1 のスキャンを終了する. この結果，表 2.6 の有向面表の F_1 の行には，E_2，$-E_3$，E_1 が登録され，表 2.3 の有向面表と見比べると，F_1 に関する有向面表が正しく生成されていることがわかる. 表 2.3 の有向面表とは稜線番号が一つずつずれているが，先に述べたとおり有向面表ではこのような場合にもまったく同一の有向面を表す. 同じ操作を F_2 と F_3 と F_4 についても行えば，この物体の有向面表がすべて正しくできあがる.

　　このように，ウィングドエッジデータ構造からは有向面表が生成でき，面の向きがわかることから，ウィングドエッジデータ構造は面の表裏の情報をもつソリッドモデルの表現であることがわかる.

2.5.3　CSG 表現

　　CSG 表現 (constructive solid geometry) は，**プリミティブ** (primitive) とよばれる単純な形状をした基本立体をあらかじめ複数用意しておき，これらを組み合わせることにより複雑な形状を表現する方法である. このときのプリミティブとしては，図

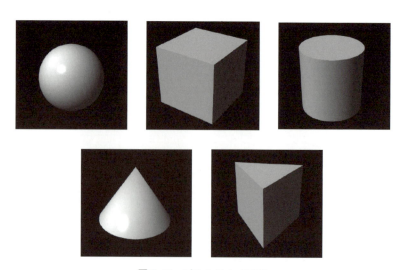

図 2.10　プリミティブの例

（a）プリミティブA　　　（b）プリミティブB

（c）和$(A \cup B)$　　　（d）差$(A-B)$　　　（e）積$(A \cap B)$

図2.11　CSG 表現

2.10 に示すように，球，立方体，円錐などの単純形状が用いられ，演算には，和$(\cup)$，差$(-)$，積$(\cap)$の集合演算が用いられる．

たとえば，図 2.11 (a)，(b)に示すような二つのプリミティブに対して，これらを重ね合わせて和，差，積をとると，それぞれ図 2.11 (c)，(d)，(e)のような形状が表現できる．

また，集合演算を行う前に，各プリミティブの位置，姿勢，大きさを変えることにより，同じプリミティブと同じ集合演算でも，さまざまな異なる 3 次元形状が表現できる．たとえば，図 2.12 は先と同じ図 2.11 (a)，(b)のプリミティブを用いて，これらを移動したのちに和，差，積をとった場合の例である．同じプリミティブでも，まったく異なる形状が表現できることがわかる．このように，CSG 表現では，単純な形状のプリミティブに対して，移動と集合演算という簡単なオペレーションを加えるだけで，さまざまな複雑な形状が表現できる．

また，CSG 表現では，組み合わせて生成した物体の内側か外側かの内外判定を，各プリミティブの内外判定の論理演算によって行うことができる．たとえば，ある点 **X**

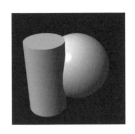 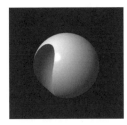 

（a）和$(A \cup B)$　　　（b）差$(A-B)$　　　（c）積$(A \cap B)$

図2.12　プリミティブの位置を変更したのちに和，差，積を取った例

が図 2.11 (d) の物体の内か外かを判定するには，点 **X** がプリミティブ A 内にあり，かつプリミティブ B 内にないかどうかを以下のように判定すればよい．

$$X_A \wedge \overline{X_B} = \begin{cases} 1 & :物体内 \\ 0 & :物体外 \end{cases} \tag{2.1}$$

ここで，$(\wedge)$ は論理積（AND）を表し，また X_A と X_B は以下のように定義する．

$$X_A = \begin{cases} 1 & :\mathbf{X} がプリミティブ A 内に存在する \\ 0 & :\mathbf{X} がプリミティブ A 外に存在する \end{cases} \tag{2.2}$$

$$X_B = \begin{cases} 1 & :\mathbf{X} がプリミティブ B 内に存在する \\ 0 & :\mathbf{X} がプリミティブ B 外に存在する \end{cases} \tag{2.3}$$

各プリミティブを移動したのちに組み合わせて形状生成した場合には，移動後のプリミティブの内外判定をもとに論理演算を行えば，組み合わせ形状に対する内外判定を正しく行うことができる．

このように，CSG 表現では，複雑な 3 次元形状に関する内外判定を，各プリミティブの内外判定の論理演算によって行うことができ，ソリッドモデルの重要な性質である物体領域の判別を容易に行うことができる．

第 2 章のポイント

1. 3 次元形状を表現する方法には，稜線の集合として表現する**ワイヤーフレームモデル**，面の集合として表現する**サーフェスモデル**，物体の内側と外側の情報をもった 3 次元形状として表現する**ソリッドモデル**がある．

2. ソリッドモデルには，稜線に方向性をもたせることで面に方向性を与えて物体の内外の情報をもたせる**有向稜線**による方法，有向稜線をもとにさらに面や稜線の接続関係の情報を入れた**境界表現**，プリミティブとよばれる基本 3 次元物体の論理演算によって複雑な 3 次元形状を表現する **CSG 表現**などがある．

3. 境界表現では，稜線を中心に接続関係を記述した**ウィングドエッジデータ構造**が用いられる．ウィングドエッジデータ構造では，簡単な操作により各面の方向が導出できる．

4. CSG 表現では，各プリミティブの内外判定に対して論理演算を行うことで，組み合わせ形状に関する内外判定を行うことができる．

演習問題

2.1 ワイヤーフレームモデル，サーフェスモデル，ソリッドモデルのそれぞれの形状表現における長所と短所について述べよ．

2.2 図 2.13 に示す 3 次元形状をウィングドエッジデータ構造を用いて表せ．ただし，三角柱の内部が物体領域であり，外部が非物体領域であるとする．

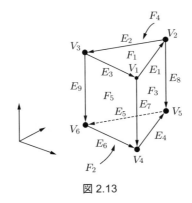

図 2.13

2.3 演習問題 2.2 で作成したウィングドエッジデータ構造をもとに，この物体の有向面表を生成せよ．

2.4 三つのプリミティブ A, B, C を用いて CSG 表現によって 3 次元形状を表現したい．いま，A と B との和をとり，この結果を C から引くことで 3 次元形状を生成したとする．このとき得られた 3 次元形状中に点 $\mathbf{X}$ が存在するのは，点 $\mathbf{X}$ がどのような条件を満たす場合か示せ．ただし，点 $\mathbf{X}$ がプリミティブ Y 内に存在することを X_Y で表し，存在しないことを $\overline{X_Y}$ で表すとする．

第3章

数式に基づく形状表現

keywords
∙∙
陰関数表現, 陽関数表現, パラメトリック表現, ベジェ曲面, バーンスタイン関数,
B スプライン曲線, ノンユニフォーム B スプライン曲線, NURBS

ポリゴン表現では多数の平面を用いて形状を表現するが, 曲面形状を表現する場合には, その曲面を直接数式表現したほうがより正確に形状を表現できる. 本章では, このような 3 次元形状の表現に用いられる曲線や曲面の数式表現について学習する.

3.1 さまざまな数式表現

形状を数式によって表現する場合には, 表 3.1 に示すように, 陰関数表現, 陽関数表現, パラメトリック表現の三つの表現方法を考えることができる.

表 3.1 形状の数式表現

	陰関数表現	陽関数表現	パラメトリック表現
2 次元曲線	$f(x, y) = 0$	$y = f(x)$	$x = f(t)$
			$y = g(t)$
3 次元曲線	$f(x, y, z) = 0$	$y = f(x)$	$x = f(t)$
	$g(x, y, z) = 0$	$z = g(x)$	$y = g(t)$
			$z = h(t)$
3 次元曲面	$f(x, y, z) = 0$	$z = f(x, y)$	$x = f(s, t)$
			$y = g(s, t)$
			$z = h(s, t)$

3.1.1 陰関数表現

xy 平面上の曲線を $f(x, y) = 0$ という形式で表現したものを**陰関数表現**(implicit function representation)とよぶ. たとえば, 図 3.1 に示すような半径 1 の円を $x^2 + y^2 - 1 = 0$ と表現するのは陰関数表現である. 同様に, 3 次元空間中の曲面の場合には $f(x, y, z) = 0$ という形で表現される. たとえば, 図 3.2 に示すような半径 1 の球面は $x^2 + y^2 + z^2 - 1 = 0$ と表現される. 一方, 3 次元空間中の曲線を陰関数表現するためには, 二つの式が必要である. なぜなら, 陰関数表現においては, 3 次元空間中の曲線は二つの曲面の交差として定義されるからである. すなわち, $f(x, y, z) = 0$

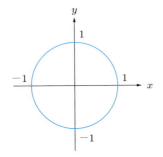

陰関数表現	$x^2 + y^2 - 1 = 0$
陽関数表現	$y = \pm\sqrt{1 - x^2}$
パラメトリック表現	$x = \cos(t)$ $y = \sin(t)$

図 3.1　円の数式表現

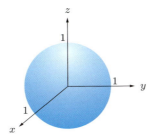

陰関数表現	$x^2 + y^2 + z^2 - 1 = 0$
陽関数表現	$z = \pm\sqrt{1 - x^2 - y^2}$
パラメトリック表現	$x = \cos(t)\cos(s)$ $y = \cos(t)\sin(s)$ $z = \sin(t)$

図 3.2　球面の数式表現

と $g(x, y, z) = 0$ の共通の解として一つの曲線が定義される.

　陰関数表現は, もっとも基本的な形状表現法であるが, コンピュータグラフィックスにおいては少々扱いにくい点がある. たとえば, 2 次元曲線を描画する場合には, この曲線上の点の x 座標に対する y 座標を求める必要があるが, $f(x, y) = 0$ の形式のままではこれが求められない. このため, 陰関数表現されたものは, この式を解くことで, いったん $y = f(x)$ などの形に変形する必要がある.

3.1.2　陽関数表現

　陰関数表現では, 具体的な形状を描くのに式をいったん解く必要があった. それならはじめから式が解かれた形式で形状を表現すればよい. これが**陽関数表現**（explicit function representation）である. 表 3.1 に示すように, 陽関数表現では, 2 次元の曲線を $y = f(x)$ などと表現する. 3 次元曲面であれば $z = f(x, y)$, 3 次元曲線であれば $y = f(x)$, $z = g(x)$ などの形式で表される.

　陽関数表現では, 方程式が解かれた形になっているので, 曲線や曲面を描画する場合などに好都合である. しかし, 陽関数表現では, 一つの変数の値に対して多くの値をとる多価関数の場合には, 多くの式が必要となるため, 複雑な形状が扱いにくいという問題がある.

　たとえば, 円の場合には, 一つの x の値に対して二つの y の値が対応するため, 図 3.1 に示す半径 1 の円を陽関数表現するためには, $y = \sqrt{1 - x^2}$ と $y = -\sqrt{1 - x^2}$ の二つの式が必要となる. 球の場合にも, 図 3.2 に示すように正負の二つの式が必要となる. より複雑な曲線や曲面になれば, より多くの式が必要となるため, 陽関数表現

で複雑な形状を表現するのは難しい．さらには，形状に応じて必要な数式の数が変化するため，形状が変化する物体などを表現する場合には，形状が変わるたびに必要な数式の数が変化してしまい，非常に扱いづらい．

3.1.3　パラメトリック表現

陰関数表現も陽関数表現もそれぞれ一長一短であった．ならば，両者のいいとこどりをしたような表現法がほしいところである．本項で学ぶパラメトリック表現はそのような表現法である．

パラメトリック表現(parametric representation)とは，媒介変数(パラメータ)を用いて形状を数式表現する方法である．表 3.1 に示すように，2 次元空間中の曲線であればパラメータ t を用いて $x = f(t)$，$y = g(t)$ という形で表現される．3 次元空間中の曲線の場合には，$x = f(t)$，$y = g(t)$，$z = h(t)$ となる．また，3 次元空間中の曲面の場合には，二つのパラメータ s と t を用いて，$x = f(s,t)$，$y = g(s,t)$，$z = h(s,t)$ という形で表現される．

たとえば，図 3.1 に示すように，半径 1 の円は，パラメトリック表現では $x = \cos(t)$，$y = \sin(t)$ $(0 \le t \le 2\pi)$ と表せる．また，3 次元空間中の球面の場合には，図 3.2 に示すように，二つのパラメータ s，t を用いた三つの式により表せる．

パラメトリック表現では，どれだけ複雑な形状であっても，2 次元空間中の形状であれば二つの式で，3 次元空間中の形状であれば三つの式で表現できる．さらに，パラメトリック表現は式が解かれた形となっているので，陽関数表現と同様に具体的な形状を得るのに都合がよい．このように，パラメトリック表現は陰関数表現と陽関数表現の両方のよい性質を併せもっていることから，コンピュータグラフィックスではパラメトリック表現が広く用いられている．

以降では，パラメトリック表現の代表的な表現法であるベジェと B スプラインについて学習する．

3.2　ベジェ曲線

ベジェ曲線(Bezier curve)は曲線をパラメトリック表現する代表的な表現方法である．ベジェ曲線では，基準となる**制御点**(control point)を何点か用意しておき，これらの制御点に沿うように曲線を発生させる．設定した制御点に沿って形状が描かれるため，形状を操作しやすいという利点がある．

3.2.1　1 次ベジェ曲線

もっとも単純なベジェ曲線は 2 点を結ぶ線分である．この場合の制御点は線分の二つの端点である．いま，図 3.3 に示すように，点 $\mathbf{Q}_0 = [x_0, y_0]^\top$ と点 $\mathbf{Q}_1 = [x_1, y_1]^\top$ の 2 点を端点とする線分を考えることにする．パラメータ t を用いれば，これら 2 点を結ぶ線分 $\mathbf{P}(t) = [x(t), y(t)]^\top$ は以下の式により表される．

$$\mathbf{P}(t) = (1-t)\mathbf{Q}_0 + t\mathbf{Q}_1 \qquad (0 \le t \le 1) \tag{3.1}$$

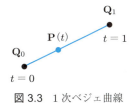

図 3.3　1 次ベジェ曲線

点 $\mathbf{P}(0)$ は点 $\mathbf{Q}_0$ と一致し，点 $\mathbf{P}(1)$ は点 $\mathbf{Q}_1$ と一致する．そして t が 0 から 1 に変化するに従って，点 $\mathbf{P}(t)$ は図 3.3 に示すとおり，点 $\mathbf{Q}_0$ と点 $\mathbf{Q}_1$ を通る直線を描いていく．これがもっとも単純なベジェ曲線であり，これを 1 次のベジェ曲線とよぶ．これ以降，徐々に複雑な高次のベジェ曲線を考えていくが，すべて式(3.1)の 2 点を案分するという考え方が基本となる．

3.2.2　2 次ベジェ曲線

2 次のベジェ曲線は，3 点の制御点をもとに，これら 3 点に沿うように曲線を描くものである．いま，図 3.4 に示すように，三つの制御点 $\mathbf{Q}_0$，$\mathbf{Q}_1$，$\mathbf{Q}_2$ が置かれているとする．すると先と同様に，これらのうちの $\mathbf{Q}_0$ と $\mathbf{Q}_1$ を案分する点 $\mathbf{P}_0^1$ と，$\mathbf{Q}_1$ と $\mathbf{Q}_2$ を案分する点 $\mathbf{P}_1^1$ を，それぞれ以下のように考えることができる．

$$\mathbf{P}_0^1(t) = (1-t)\mathbf{Q}_0 + t\mathbf{Q}_1 \qquad (0 \le t \le 1) \tag{3.2}$$

$$\mathbf{P}_1^1(t) = (1-t)\mathbf{Q}_1 + t\mathbf{Q}_2 \qquad (0 \le t \le 1) \tag{3.3}$$

さらに，このようにして出てきた 2 点 $\mathbf{P}_0^1$，$\mathbf{P}_1^1$ を案分する点 $\mathbf{P}(t)$ をつぎのように考える．

$$\mathbf{P}(t) = (1-t)\mathbf{P}_0^1(t) + t\mathbf{P}_1^1(t) \qquad (0 \le t \le 1) \tag{3.4}$$

このようにして出てきた $\mathbf{P}(t)$ を $t=0$ から $t=1$ まで t を変化させて描いてみると，図 3.4 に示すように，三つの制御点 $\mathbf{Q}_0$，$\mathbf{Q}_1$，$\mathbf{Q}_2$ に沿った滑らかな曲線が描かれる．これが 2 次のベジェ曲線である．

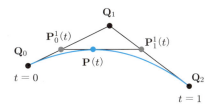

図 3.4　2 次ベジェ曲線

式(3.4)に式(3.2)，(3.3) を代入すると，制御点 $\mathbf{Q}_0$，$\mathbf{Q}_1$，$\mathbf{Q}_2$ とこれによって描かれる点 $\mathbf{P}(t)$ との関係が以下のように表せる．

$$\mathbf{P}(t) = (1-t)^2\mathbf{Q}_0 + 2t(1-t)\mathbf{Q}_1 + t^2\mathbf{Q}_2$$

$$= \sum_{i=0}^{2} B_i^2(t)\mathbf{Q}_i \tag{3.5}$$

ここで，$B_i^2(t)$ はつぎに示すベジェ曲線の形を定義する関数であり，**ベジェ基底関数**（Bezier basis function），または**バーンスタイン関数**（Bernstein function）とよばれる．

$$B_0^2(t) = (1-t)^2, \qquad B_1^2(t) = 2t(1-t), \qquad B_2^2(t) = t^2 \tag{3.6}$$

3.2.3　3 次ベジェ曲線

つぎに，3 次のベジェ曲線について考えることにする．

3 次のベジェ曲線では 4 点の制御点に基づき，これら 4 点に沿うように曲線が描かれる．いま，図 3.5 に示すように四つの制御点 $\mathbf{Q}_i$ $(i = 0, \ldots, 3)$ があるとすると，式 (3.2)，(3.3) と同様に，$\mathbf{Q}_i$ と $\mathbf{Q}_{i+1}$ から次式のとおり $\mathbf{P}_i^1(t)$ $(i = 0, \ldots, 2)$ が生成できる．

$$\mathbf{P}_i^1(t) = (1-t)\mathbf{Q}_i + t\mathbf{Q}_{i+1} \qquad (0 \leq t \leq 1) \tag{3.7}$$

このようにして生成した $\mathbf{P}_i^1(t)$ からは，式 (3.4) と同様にして，次式により $\mathbf{P}_i^2(t)$ $(i = 0, 1)$ が生成できる．

$$\mathbf{P}_i^2(t) = (1-t)\mathbf{P}_i^1(t) + t\mathbf{P}_{i+1}^1(t) \qquad (0 \leq t \leq 1) \tag{3.8}$$

さらに，このようにして生成した $\mathbf{P}_i^2(t)$ から，以下の式により $\mathbf{P}(t)$ を定義する．

$$\mathbf{P}(t) = (1-t)\mathbf{P}_0^2(t) + t\mathbf{P}_1^2(t) \qquad (0 \leq t \leq 1) \tag{3.9}$$

$\mathbf{P}(t)$ の t を 0 から 1 まで変化させて描くと，図 3.5 に示すように四つの制御点 $\mathbf{Q}_i$ $(i = 0, \ldots, 3)$ に沿う滑らかな曲線が描かれる．これが 3 次ベジェ曲線である．このとき，式 (3.7)，(3.8)，(3.9) より，$\mathbf{P}(t)$ は制御点 $\mathbf{Q}_i$ を用いて以下のように表すことができる．

$$\mathbf{P}(t) = \sum_{i=0}^{3} B_i^3(t)\mathbf{Q}_i \tag{3.10}$$

ここで，$B_i^3(t)$ は以下に示すバーンスタイン関数である．

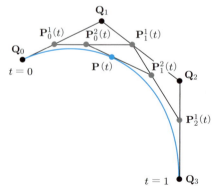

図 3.5　3 次ベジェ曲線

$$B_0^3(t) = (1-t)^3, \qquad B_1^3(t) = 3t(1-t)^2,$$
$$B_2^3(t) = 3t^2(1-t), \qquad B_3^3(t) = t^3 \tag{3.11}$$

3.2.4 n 次ベジェ曲線

以上，1次から3次までのベジェ曲線をみてきたが，これをそのまま拡張することでつぎのように一般の n 次ベジェ曲線が定義できる．

$$n \text{ 次ベジェ曲線} \quad \mathbf{P}(t) = \sum_{i=0}^{n} B_i^n(t) \mathbf{Q}_i \quad (0 \le t \le 1) \tag{3.12}$$

$$n \text{ 次バーンスタイン関数} \quad B_i^n(t) = \frac{n!}{(n-i)!\, i!}\, t^i (1-t)^{n-i} \tag{3.13}$$

3.3 ベジェ曲線の行列表現

ベジェ曲線は行列を用いて表すと，よりコンパクトに表現でき，また，行列表記のさまざまな性質が使えるようになる．式(3.1)，(3.5)，(3.10)，(3.12)をそれぞれ展開してまとめ直すと，1次，2次，3次，n 次のベジェ曲線はそれぞれ以下のように行列表現できる．

(1) 1次ベジェ曲線

$$\mathbf{P}(t) = [\mathbf{Q}_0,\ \mathbf{Q}_1] \begin{bmatrix} B_0^1(t) \\ B_1^1(t) \end{bmatrix} = [\mathbf{Q}_0,\ \mathbf{Q}_1] \begin{bmatrix} 1 & -1 \\ 0 & 1 \end{bmatrix} \begin{bmatrix} 1 \\ t \end{bmatrix} \tag{3.14}$$

(2) 2次ベジェ曲線

$$\mathbf{P}(t) = [\mathbf{Q}_0,\ \mathbf{Q}_1,\ \mathbf{Q}_2] \begin{bmatrix} B_0^2(t) \\ B_1^2(t) \\ B_2^2(t) \end{bmatrix} = [\mathbf{Q}_0,\ \mathbf{Q}_1,\ \mathbf{Q}_2] \begin{bmatrix} 1 & -2 & 1 \\ 0 & 2 & -2 \\ 0 & 0 & 1 \end{bmatrix} \begin{bmatrix} 1 \\ t \\ t^2 \end{bmatrix} \tag{3.15}$$

(3) 3次ベジェ曲線

$$\mathbf{P}(t) = [\mathbf{Q}_0,\ \mathbf{Q}_1,\ \mathbf{Q}_2,\ \mathbf{Q}_3] \begin{bmatrix} B_0^3(t) \\ B_1^3(t) \\ B_2^3(t) \\ B_3^3(t) \end{bmatrix}$$

$$= [\mathbf{Q}_0,\ \mathbf{Q}_1,\ \mathbf{Q}_2,\ \mathbf{Q}_3] \begin{bmatrix} 1 & -3 & 3 & -1 \\ 0 & 3 & -6 & 3 \\ 0 & 0 & 3 & -3 \\ 0 & 0 & 0 & 1 \end{bmatrix} \begin{bmatrix} 1 \\ t \\ t^2 \\ t^3 \end{bmatrix} \tag{3.16}$$

(4) n 次ベジェ曲線

$$\mathbf{P}(t) = [\mathbf{Q}_0, \ \ldots, \ \mathbf{Q}_n] \begin{bmatrix} B_0^n(t) \\ \vdots \\ B_n^n(t) \end{bmatrix} \tag{3.17}$$

3.4 ベジェ曲線の接続

　一般に，複雑な形状を一つの多項式で表現しようとすると，高い次数の曲線の式が必要となる．このような問題を避けるために，ベジェ曲線では複雑な形状をもつ一つの曲線をいくつかの小さな**曲線素**(curve segment)に分割し，それぞれの曲線素を低次のベジェ曲線で表現することにより，これら低次のベジェ曲線の集合として複雑な曲線を表現する方法が用いられる．

　滑らかな一つの曲線を複数の曲線素に分割して表現する場合に注意しなければならないことは，それぞれの曲線素の接続部において曲線が滑らかに繋がることである．二つの曲線素が滑らかに繋がるためには，以下の条件を満たす必要がある．

　① 第1番目の曲線素の終点と第2番目の曲線素の始点が一致する（この点を接続点とする）

　② 接続点において二つの曲線素の接線が一致する

　先にみたように，3次ベジェ曲線であれば始点は $\mathbf{Q}_0$ と一致し，終点は $\mathbf{Q}_3$ と一致する．したがって，①の条件である始点と終点を一致させるには，第1の曲線素の $\mathbf{Q}_3$ と第2の曲線素の $\mathbf{Q}_0$ を同一点とすればよい．他の次数のベジェ曲線においてもまったく同様に考えればよい．

　つぎに，この接続点において二つの曲線素が同じ接線をもつ条件について考える．このために，ベジェ曲線の式を1階微分して接ベクトルを計算する．例として，式(3.16)の3次ベジェ曲線について考える．式(3.16)を1階微分すると以下の接ベクトルが得られる．

$$\frac{d\mathbf{P}(t)}{dt} = [\mathbf{Q}_0, \ \mathbf{Q}_1, \ \mathbf{Q}_2, \ \mathbf{Q}_3] \begin{bmatrix} 1 & -3 & 3 & -1 \\ 0 & 3 & -6 & 3 \\ 0 & 0 & 3 & -3 \\ 0 & 0 & 0 & 1 \end{bmatrix} \begin{bmatrix} 0 \\ 1 \\ 2t \\ 3t^2 \end{bmatrix} \tag{3.18}$$

したがって，第1番目の曲線素の終点における接ベクトルは，式(3.18)に $t=1$ を代入することでつぎのようになる．

$$\frac{d\mathbf{P}(1)}{dt} = 3(\mathbf{Q}_3 - \mathbf{Q}_2) \tag{3.19}$$

式(3.19)は，図3.6に示すように，曲線素の終点における接線方向が $\mathbf{Q}_2$ と $\mathbf{Q}_3$ を結ぶ直線の方向と一致していることを表している．同様に，第2番目の曲線素の始点における接ベクトルは，式(3.18)に $t=0$ を代入することでつぎのようになる．

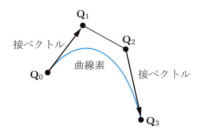

図 3.6　ベジェ曲線の端点における接線

$$\frac{d\mathbf{P}(0)}{dt} = 3(\mathbf{Q}_1 - \mathbf{Q}_0) \tag{3.20}$$

式 (3.20) は，曲線素の始点における接線方向が，$\mathbf{Q}_0$ と $\mathbf{Q}_1$ を結ぶ直線の方向と一致していることを表している．したがって，第 1 の曲線素の終点における接線と第 2 の曲線素の始点における接線が一致するためには，図 3.7 に示すように，第 1 の曲線素の $\mathbf{Q}_2$，$\mathbf{Q}_3$ と第 2 の曲線素の $\mathbf{Q}_0$，$\mathbf{Q}_1$ とが同一直線上にあればよい．これが，二つの曲線素が滑らかに接続するための条件であり，低次のベジェ曲線を接続して複雑な曲線を表現する場合には，ベジェ曲線の接続点においてこのような条件を満たすように制御点を配置すればよい．

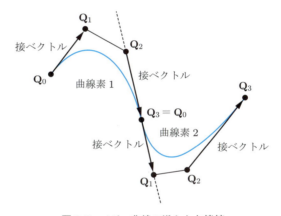

図 3.7　ベジェ曲線の滑らかな接続

3.5　ベジェ曲面

　ベジェ曲線の考え方をそのまま 3 次元空間中の曲面に拡張したものが**ベジェ曲面**（Bezier curved surface）である．ベジェ曲面では，図 3.8 に示すように，3 次元の制御点 $\mathbf{Q}_{ij}$ をメッシュ状に配置することで，これらの制御点に沿うような曲面が生成される．一般に，曲面は 2 次元的な広がりをもつことから，二つのパラメータ s，t によって表すことができる．このため，n 次ベジェ曲面 $\mathbf{P}(s,t)$ は，パラメータ s に関する n 次のバーンスタイン関数 $B_i^n(s)$ とパラメータ t に関する n 次のバーンスタイン関数 $B_j^n(t)$ を用いることにより，以下のように表すことができる．

図3.8　制御点とベジェ曲面

$$\mathbf{P}(s,t) = \sum_{i=0}^{n} \sum_{j=0}^{n} B_i^n(s) B_j^n(t) \mathbf{Q}_{ij} \tag{3.21}$$

また，これは次式に示すように行列表現によって表すこともできる．

$$\mathbf{P}(s,t) = \begin{bmatrix} B_0^n(s) & \cdots & B_n^n(s) \end{bmatrix} \begin{bmatrix} \mathbf{Q}_{00} & \cdots & \mathbf{Q}_{0n} \\ \vdots & & \vdots \\ \mathbf{Q}_{n0} & \cdots & \mathbf{Q}_{nn} \end{bmatrix} \begin{bmatrix} B_0^n(t) \\ \vdots \\ B_n^n(t) \end{bmatrix} \tag{3.22}$$

ベジェ曲面の場合もベジェ曲線と同様に，端点とその前後の点が一直線上に乗るように配置することによって，複数の曲面素が滑らかに接続できる．

3.6　Bスプライン曲線

　前節でみたように，ベジェ曲線では曲線素の端点前後において制御点を一直線上に並べることにより，曲線素を滑らかに接続した．しかし，このように直線上に制御点を並べると，制御点の配置の自由が奪われるという問題がある．さらにこのようにして接続しても，高々1階微分が連続になるだけであった．これに対して，本節で述べるBスプライン曲線(B-spline curve)は，ベジェ曲線と同じように制御点に沿うように曲線を生成するものであるが，ベジェ曲線とは異なり，はじめから曲線素を繋げることを前提として作られた曲線である．このため，制御点を無理やり一直線上に並べなくても滑らかに接続した曲線が得られる．また，ベジェ曲線では接続点において高々1階微分が連続になるだけであったのに対して，Bスプライン曲線の場合には，n次曲線であれば接続点において$n-1$階微分まで連続となることが保証されている．たとえば，3次Bスプライン曲線は2階微分まで連続となるが，3次ベジェ曲線は制御点を一直線上に並べても1階微分しか連続にならない．

　いま，$(k+1)$個の制御点$\mathbf{Q}_i\,(i=0,\ldots,k)$が置かれているとする．このとき，$n$次Bスプライン曲線$\mathbf{P}(t)$は以下のように表すことができる．

$$\mathbf{P}(t) = \sum_{i=0}^{k} S_i^n(t) \mathbf{Q}_i \tag{3.23}$$

n次Bスプライン曲線は$n+1$階Bスプライン曲線ともよばれる．$S_i^n(t)$は制御点$\mathbf{Q}_i$

にかかる係数であり，B スプライン基底関数（B-spline basis function）とよばれる．これは制御点 $\mathbf{Q}_i$ が曲線 $\mathbf{P}(t)$ の形状に対してどれだけ影響力をもっているかを表している．すなわち，$S_i^n(t)$ が大きいほど，曲線の形状は制御点 $\mathbf{Q}_i$ の位置に引っ張られることになる．B スプライン曲線では，たくさんある制御点 $\mathbf{Q}_i$ の影響力をパラメータ t に従って順次変化させていくことによって，制御点に沿った滑らかな形状を生成する．このとき重要な役割を果たす基底関数 $S_i^n(t)$ は，以下に示すように，0 次 $(n=0)$ の場合の基底関数 $S_i^0(t)$ をもとに，1 次以降の基底関数が順次再帰的に定義される．

0 次 B スプライン基底関数 $(n=0)$

$$S_i^0(t) = \begin{cases} 1 & (i \le t < i+1) \\ 0 & (\text{それ以外の場合}) \end{cases} \tag{3.24}$$

1 次 B スプライン基底関数 $(n=1)$

$$S_i^1(t) = (t-i)S_i^0(t) + (i+2-t)S_{i+1}^0(t) \tag{3.25}$$

2 次 B スプライン基底関数 $(n=2)$

$$S_i^2(t) = \frac{t-i}{2}S_i^1(t) + \frac{i+3-t}{2}S_{i+1}^1(t) \tag{3.26}$$

3 次 B スプライン基底関数 $(n=3)$

$$S_i^3(t) = \frac{t-i}{3}S_i^2(t) + \frac{i+4-t}{3}S_{i+1}^2(t) \tag{3.27}$$

n 次 B スプライン基底関数

$$S_i^n(t) = \frac{t-i}{n}S_i^{n-1}(t) + \frac{i+n+1-t}{n}S_{i+1}^{n-1}(t) \tag{3.28}$$

以下では，これらの基底関数の意味を 0 次の場合から順に考えていくことで，0 次 B スプライン曲線から 3 次 B スプライン曲線までの形状をみていく．

3.6.1　0 次 B スプライン曲線

式 (3.24) の関数 S_i^0 をグラフで表してみると，図 3.9 (a) となる．この図より，t が 0 から 1 までの間は関数 S_0^0 のみが 1 の値をとり，その他の関数 $S_1^0, S_2^0, \ldots$ はすべて 0 となる．したがって，式 (3.23) より，t の値が 0 から 1 の範囲では $\mathbf{P}(t) = \mathbf{Q}_0$ となる．これは，図 3.9 (b) に示すように，$\mathbf{P}(t)$ が制御点 $\mathbf{Q}_0$ に停留していることを表し

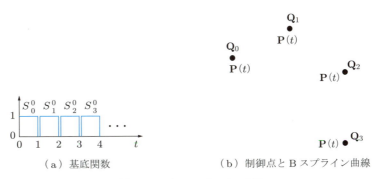

（a）基底関数　　　　　　（b）制御点と B スプライン曲線

図 3.9　0 次 B スプライン曲線

ている．つぎに，t の値が 1 から 2 の間である場合を考えると，今度は S_1^0 のみが 1 となり，その他の関数はすべて 0 となる．したがって，今度は $\mathbf{P}(t) = \mathbf{Q}_1$ となる．以下同様に，t の値が大きくなるにつれて，$\mathbf{P}(t)$ は図 3.9 (b) に示すように制御点 $\mathbf{Q}_i$ を順番に飛び移っていく．これが 0 次の場合の B スプライン曲線である．

3.6.2　1 次 B スプライン曲線

つぎに，1 次の B スプライン曲線について考えることにする．1 次 B スプライン曲線の基底関数 $S_i^1(t)$ は，式 (3.25) により求められる．例として $i = 0$ の場合を考えると，式 (3.25) より $S_0^1(t) = t S_0^0(t) + (2 - t) S_1^0(t)$ であることがわかるが，これは $0 \leq t \leq 1$ の場合には $S_0^1(t) = t$ であり，$1 \leq t \leq 2$ の場合には $S_0^1(t) = 2 - t$ であることを表している．すなわち，$S_0^1(t)$ はグラフで表せば図 3.10 (a) に示すようなノコギリ歯状の関数となる．同様に，$S_1^1(t)$，$S_2^1(t)$ なども図 3.10 (a) のグラフのようになる．このグラフより，制御点 $\mathbf{Q}_0$ の影響力は $0 \leq t \leq 2$ の範囲に限られており，かつ，$t = 1$ のときを最大としてこれから離れるに従って影響力が線形に低くなることがわかる．制御点 $\mathbf{Q}_1$ や $\mathbf{Q}_2$ の場合も，それぞれ $t = 2$，$t = 3$ を中心としてその近傍にのみ影響を与えることがわかる．

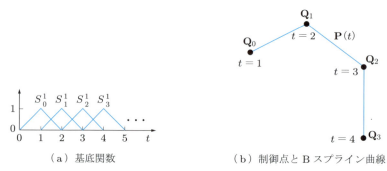

（a）基底関数　　　　　　　　　（b）制御点と B スプライン曲線

図 3.10　1 次 B スプライン曲線

このグラフより，$1 \leq t \leq 2$ の範囲では，$\mathbf{P}(t) = (2 - t) \mathbf{Q}_0 + (t - 1) \mathbf{Q}_1$ となることがわかる．すなわち，図 3.10 (b) に示すように，$t = 1$ のときには $\mathbf{P}(t)$ は $\mathbf{Q}_0$ の位置にあり，t が大きくなるに従って直線 $\mathbf{Q}_0 \mathbf{Q}_1$ 上を動いていき，$t = 2$ のときに $\mathbf{Q}_1$ の位置にくる．同様に，$2 \leq t \leq 3$ の範囲では線分 $\mathbf{Q}_1 \mathbf{Q}_2$ 上を移動する．すなわち，1 次の B スプライン曲線は図 3.10 (b) に示すとおり，制御点 $\mathbf{Q}_i$ を線分で結んだ形状となる．

3.6.3　2 次 B スプライン曲線

2 次の B スプライン曲線の場合には，その基底関数 $S_i^2(t)$ は，式 (3.26) より図 3.11 (a) に示すような形をもつ．この図より，2 次 B スプライン曲線の形状は，$2 \leq t \leq 3$ の範囲では制御点 $\mathbf{Q}_0$，$\mathbf{Q}_1$，$\mathbf{Q}_2$ によって決まり，$3 \leq t \leq 4$ の範囲では制御点 $\mathbf{Q}_1$，$\mathbf{Q}_2$，$\mathbf{Q}_3$ によって決まることがわかる．この結果，2 次 B スプライン曲線の形状は図 3.11 (b) に示すとおりとなり，制御点 $\mathbf{Q}_0$，$\mathbf{Q}_1$，$\mathbf{Q}_2$ から計算された第 1 の曲線素と制御点 $\mathbf{Q}_1$，$\mathbf{Q}_2$，$\mathbf{Q}_3$ から計算された第 2 の曲線素が $t = 3$ において滑らかに接続する．

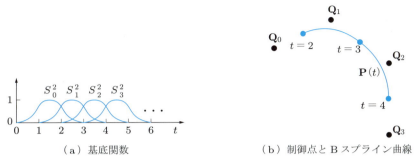

（a）基底関数　　　　　　　　　（b）制御点とBスプライン曲線

図 3.11　2次Bスプライン曲線

3.6.4　3次Bスプライン曲線

　3次Bスプラインの場合には，その基底関数 $S_i^3(t)$ は，式(3.27)より図 3.12 (a)に示すような形をもつ．この図より，3次Bスプライン曲線の形状は，$3 \leq t \leq 4$ の範囲では制御点 $\mathbf{Q}_0$，$\mathbf{Q}_1$，$\mathbf{Q}_2$，$\mathbf{Q}_3$ によって決まり，$4 \leq t \leq 5$ の範囲では制御点 $\mathbf{Q}_1$，$\mathbf{Q}_2$，$\mathbf{Q}_3$，$\mathbf{Q}_4$ によって決まることがわかる．このとき，$\mathbf{Q}_0$，$\mathbf{Q}_1$，$\mathbf{Q}_2$，$\mathbf{Q}_3$ から得られる曲線素と $\mathbf{Q}_1$，$\mathbf{Q}_2$，$\mathbf{Q}_3$，$\mathbf{Q}_4$ から得られる曲線素とは，$t = 4$ において2階微分まで連続な滑らかな接続となる．

　さらに高次のBスプライン曲線を考えることもできるが，Bスプラインはもともと低次の曲線素をつなげて複雑な曲線を表現するよう設計させているため，通常は3次程度のBスプライン曲線を用いて制御点を増やすことで複雑な曲線を表現する．

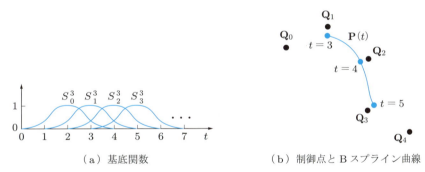

（a）基底関数　　　　　　　　　（b）制御点とBスプライン曲線

図 3.12　3次Bスプライン曲線

3.6.5　スプライン曲線の性質

以下に，Bスプライン曲線の性質をまとめておく．

　① ある制御点の移動はその制御点を中心とした局所的な範囲にしか影響を与えない．

　② n 次Bスプライン曲線は C^{n-1} 級の連続性をもつ．

　③ n 次Bスプライン曲線の各曲線素は，その曲線素を生成する $n+1$ 個の制御点が作る凸包内に存在する．

3.7　B スプライン曲面

　B スプライン曲線を曲面に拡張することにより，**B スプライン曲面**（B-spline curved surface）が定義できる．B スプライン曲面では，3 次元空間中にメッシュ状に制御点を配置することで，これらの制御点に沿うように曲面が生成される．たとえば，図 3.13 に示すように 4 × 4 個の制御点を配置し，双 3 次 B スプライン曲面を生成すると，この図に示すような曲面が生成される．生成される曲面は図 3.8 のベジェ曲面と比べると小さいが，制御点を増やしていくことで巨大で複雑な曲面が生成できる．

図 3.13　制御点と B スプライン曲面

　一般に，$(k+1) \times (l+1)$ 個の制御点 $\mathbf{Q}_{ij}$ $(i = 0, \ldots, k; j = 0, \ldots, l)$ があるとき，双 n 次 B スプライン曲面 $\mathbf{P}(s,t)$ は，二つのパラメータ s, t に関する n 次の B スプライン基底関数 $S_i^n(s)$, $S_j^n(t)$ を用いて以下のように定義される．

$$\mathbf{P}(s,t) = \sum_{i=0}^{k} \sum_{j=0}^{l} S_i^n(s) S_j^n(t) \mathbf{Q}_{ij} \tag{3.29}$$

ただし，$k \geq n$, $l \geq n$ でなければならない．これを行列を用いて表現すると以下のように表すことができる．

$$\mathbf{P}(s,t) = [S_0^n(s) \ \cdots \ S_k^n(s)] \begin{bmatrix} \mathbf{Q}_{00} & \cdots & \mathbf{Q}_{0l} \\ \vdots & & \vdots \\ \mathbf{Q}_{k0} & \cdots & \mathbf{Q}_{kl} \end{bmatrix} \begin{bmatrix} S_0^n(t) \\ \vdots \\ S_l^n(t) \end{bmatrix} \tag{3.30}$$

　図 3.14 は，11 × 11 個の制御点により双 3 次 B スプライン曲面を生成した例であり，この場合には 8 × 8 個の曲面素によって曲面が構成されている．この図に示すように，B スプライン曲面では，曲面素の接続部において，曲面素どうしが非常に滑らかに接続される．この例では，接続部においてそれぞれのパラメータについて 2 階微分まで連続となっている．

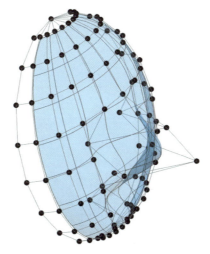

図 3.14　複数の曲面素からなる B スプライン曲面と制御点

3.8　ノンユニフォーム B スプライン曲線

ここまではもっとも基本的な B スプライン曲線と曲面についてみてきたが，これ以降は，より自由度の高い拡張された B スプライン曲線について考える．

3.6 節で学んだ B スプライン曲線では，図 3.15（a）に示すように，それぞれの制御点の影響範囲が一様であった．このような B スプライン曲線を**ユニフォーム B スプライン曲線**（uniform B-spline curve）とよぶ．一方，各制御点の影響範囲が図 3.15（b）に示すように一様ではない場合は，**ノンユニフォーム B スプライン曲線**（non-uniform B-spline curve）とよぶ．本節では，このようなノンユニフォーム B スプラインについて考える．

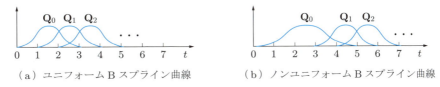

（a）ユニフォーム B スプライン曲線　　　　（b）ノンユニフォーム B スプライン曲線

図 3.15　ノンユニフォーム B スプライン曲線の基底関数

ノンユニフォーム B スプライン曲線を考えるために，まず，**ノットベクトル**（knot vector）を導入する．ノットベクトル $\mathbf{T}$ とは，曲線素の結び目の位置を表す単調に増加する数列であり，$k+1$ 個の制御点をもつ n 次 B スプライン曲線の場合には，以下に示すような $(n+k+2)$ 個の要素からなるベクトルとなる．

$$\mathbf{T} = [t_0, t_1, \ldots, t_{n+k+1}] \qquad (t_i \leq t_{i+1}) \tag{3.31}$$

このようなノットベクトル $\mathbf{T}$ を用いることにより，n 次ノンユニフォーム B スプライン曲線 $\mathbf{P}(t)$ が以下のように定義される．

$$\mathbf{P}(t) = \sum_{i=0}^{k} S_i^n(t)\mathbf{Q}_i \tag{3.32}$$

$$S_i^n(t) = \frac{t - t_i}{t_{i+n} - t_i} S_i^{n-1}(t) + \frac{t_{i+n+1} - t}{t_{i+n+1} - t_{i+1}} S_{i+1}^{n-1}(t) \tag{3.33}$$

このとき，もしもノットベクトル $\mathbf{T}$ が $[0, 1, 2, 3, 4, \ldots]$ のように等間隔である場合には，$t_j = j$ となり，式 (3.33) が式 (3.28) と等しくなることから，ユニフォーム B スプライン曲線となる．一方，ノットベクトル $\mathbf{T}$ が $[0, 0, 1, 2, 4, 7, \ldots]$ のように不等間隔の場合にはノンユニフォーム B スプライン曲線となる．ノンユニフォーム B スプライン曲線は，ユニフォーム B スプライン曲線はもとより，ベジェ曲線なども表すことのできる一般化された曲線である (演習問題 3.3 参照)．

　同様に，3 次元空間におけるノンユニフォーム B スプライン曲面 $\mathbf{P}(s, t)$ は，二つのパラメータ s, t に関する基底関数 $S_i^n(s)$, $S_j^n(t)$ を用いることで，以下のように定義できる．

$$\mathbf{P}(s, t) = \sum_{i=0}^{k} \sum_{j=0}^{l} S_i^n(s) S_j^n(t) \mathbf{Q}_{ij} \tag{3.34}$$

ここで，基底関数 $S_i^n(s)$, $S_j^n(t)$ は式 (3.33) に基づいて定める．

3.9 NURBS

　ノンユニフォーム B スプラインをさらに拡張し，より自由度の高い形状が表現できるように考えられたのが NURBS (non-uniform rational B-spline) である．名前から明らかなように，これはノンユニフォーム，すなわちノットベクトルが不等間隔である．さらに，rational (有理) であることからわかるように，分数形式で表現される．すなわち，n 次の NURBS は，式 (3.33) で定義された基底関数 S_i^n を用いて，以下の式により定義される．

$$\mathbf{P}(t) = \frac{\sum_{i=0}^{k} S_i^n(t) w_i \mathbf{Q}_i}{\sum_{i=0}^{k} S_i^n(t) w_i} \tag{3.35}$$

ここで，w_i は制御点 $\mathbf{Q}_i$ に対する重み係数である．この重み係数が大きいほど，制御点 $\mathbf{Q}_i$ の影響力は大きくなる．この NURBS を用いれば，通常のユニフォーム B スプライン曲線では近似的にしか表現できない円や楕円などの 2 次曲線も，近似ではなく厳密に表現できる．

　同様に，3 次元空間中の NURBS 曲面 $\mathbf{P}(s, t)$ は，パラメータ s, t に関する基底関数 $S_i^n(s)$, $S_j^n(t)$ を用いることで，以下のように定義できる．

$$\mathbf{P}(s,t) = \frac{\displaystyle\sum_{i=0}^{k}\sum_{j=0}^{l} S_i^n(s)S_j^n(t)w_{ij}\mathbf{Q}_{ij}}{\displaystyle\sum_{i=0}^{k}\sum_{j=0}^{l} S_i^n(s)S_j^n(t)w_{ij}} \tag{3.36}$$

ここで，w_{ij} は制御点 $\mathbf{Q}_{ij}$ に対する重み係数である．NURBS 曲面は，球面や楕円面などにも厳密に表現できる自由度の高い曲面表現であることから，一般に広く用いられている．

第3章のポイント

1. 数式を用いた形状表現には，**陰関数表現**，**陽関数表現**，**パラメトリック表現**がある．陰関数表現ではコンパクトに形状表現できるが，具体的な形状を得るには方程式を解く必要がある．陽関数表現は方程式が解かれた表現となっている点で扱いやすいが，形状の複雑さに応じて必要な式の数が変化する．パラメトリック表現は数式が解かれた形となっており，かつ，限られた数の数式で任意の形状が表現できることから，コンピュータグラフィックスにおいて有用な形状表現法である．

2. 代表的なパラメトリック表現に**ベジェ曲線（曲面）**，**B スプライン曲線（曲面）**などがある．ベジェ曲線（曲面）では複雑な形状の表現に高次の式が必要であるのに対して，B スプライン曲線（曲面）は単純な曲線（曲面）の集合として複雑な形状を表現するよう定義されているため，低次の式で複雑な形状を表現できる．

3. ベジェ曲線もスプライン曲線も，低次の曲線素の集合として複雑な曲線を表現できるが，曲線素の接続点において，ベジェ曲線は高々 1 階微分が連続であるのに対して，n 次スプライン曲線は $n-1$ 階微分まで連続となる．

4. B スプライン曲線（曲面）を一般化したものに**ノンユニフォーム B スプライン曲線（曲面）**や **NURBS 曲線（曲面）**がある．NURBS 曲線では，通常の B スプライン曲線では表現できない円や楕円などの 2 次曲線が表現できる．

演習問題

3.1 図 3.16 に示すような，大円の半径が R_1 で小円の半径が R_2 のトーラスを考える．このトーラスをパラメトリック表現すると，次式のように表せる．ただし，$R_1 > R_2$ である．このトーラスの陰関数表現を求めよ．

$$X = (R_1 + R_2\cos s)\sin t$$
$$Y = (R_1 + R_2\cos s)\cos t$$
$$Z = R_2\sin s$$

3.2 4 次ベジェ曲線のバーンスタイン関数 $B_i^4(t)$ $(i=0,\ldots,4)$ を示せ．

3.3 ノットベクトルが $\mathbf{T} = [0,0,0,1,1,1]$ であるとき，区間 $2 \leq t < 3$ において，2 次のノンユニフォーム B スプライン曲線は 2 次のベジェ曲線となることを示せ．

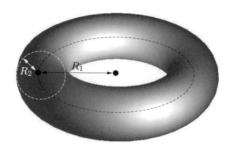

図 3.16　トーラス

第4章

2次元空間における配置と形状変形

keywords

同次座標，斉次座標，射影幾何，射影空間，無限遠点，無限遠直線，無限遠平面，
射影直線，射影平面，ユークリッド変換，相似変換，アフィン変換，射影変換

本章と次章では，生成した2次元モデルや3次元モデルを空間中の任意の位置に任意の姿勢で配置したり形状変形したりする方法について学習する.

まず本章では，2次元空間（平面）において物体を配置・変形する方法を説明する. 作成したモデルの配置や変形は幾何学的変換を行うことで実現できるため，本章では2次元空間における幾何学的変換について学ぶ. また，同次座標を用いて座標変換を記述する方法についても学習する.

4.1　2次元空間の同次座標

2次元モデルの配置や変形は，モデルに対して幾何学的な変換を加えることにより実現できる. このような変換は，**同次座標**（homogeneous coordinates）とよばれる座標を用いると考えやすい（同次座標は**斉次座標**ともよばれる）.

4.1.1　同次座標

通常，2次元空間中の点の位置は，この空間に設けられた2次元の座標系に基づいて，二つの座標値によって表す. たとえば，図4.1に示すような xy 座標系においては，点 $\mathbf{x}$ の位置は座標値 $\mathbf{x} = [x, y]^\top$ によって表される. 同次座標はこのような2次元空間中の点を表すのに，あえて次元を一つ増やし，三つの値を用いてその位置を表現するものである. なぜ二つの値で済むものに対して三つの値を用いる必要があるのかは後ほど説明することとして，まずはどのようにして三つの値で2次元の点を表現

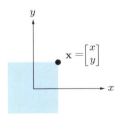

図 4.1　座標

するかを説明する.

2次元空間中の点 $\mathbf{x} = [x, y]^\top$ があるとき，$\mathbf{x}$ の同次座標とは，以下のような条件を満たす三つの実数の組 $[x_1, x_2, x_3]^\top$ をいう.

$$x = \frac{x_1}{x_3} \tag{4.1}$$

$$y = \frac{x_2}{x_3} \tag{4.2}$$

ただし，x_1，x_2，x_3 のうちで少なくとも一つは0でないとする．すなわち，$[0,0,0]^\top$ は同次座標ではない．以降では，同次座標であることを表すために，次式に示すように記号 ($\sim$) を用いる.

$$\widetilde{\mathbf{x}} = \begin{bmatrix} x_1 \\ x_2 \\ x_3 \end{bmatrix} \tag{4.3}$$

式 (4.1)，(4.2) より，2次元空間中の同じ点 $\mathbf{x}$ を表す同次座標 $\widetilde{\mathbf{x}}$ は無数に存在することがわかる．たとえば，図4.1の点 $\mathbf{x}$ の座標値が $\mathbf{x} = [2, 3]^\top$ であったとすると，$\widetilde{\mathbf{x}} = [2, 3, 1]^\top$ は点 $\mathbf{x}$ の同次座標であるが，$\widetilde{\mathbf{x}} = [4, 6, 2]^\top$ もこの点 $\mathbf{x}$ の同次座標である．このように，ある点 $\mathbf{x}$ の同次座標 $\widetilde{\mathbf{x}}$ を定数倍したものは，やはりこの点 $\mathbf{x}$ の同次座標となる．このとき，これらの同次座標どうしは**同値**であるといい，本書では以下のように ($\sim$) を使ってこの関係を表す.

$$\widetilde{\mathbf{x}} \sim \lambda\widetilde{\mathbf{x}} \tag{4.4}$$

ただし，λ は0でない実数である．互いに同値な同次座標は物理的には同じ点を表している.

点 $\mathbf{x} = [x, y]^\top$ の同次座標の一つとして x 座標と y 座標をそのまま用いた以下のような同次座標 $\hat{\mathbf{x}}$ を考えることができる.

$$\hat{\mathbf{x}} = \begin{bmatrix} x \\ y \\ 1 \end{bmatrix} \tag{4.5}$$

これを $\mathbf{x}$ の**同次座標の代表**とよぶ．本書では，同次座標の代表とその他一般の同次座標とを区別するために，同次座標の代表には式 (4.5) に示すように ($\hat{}$) を付けて表すことにする．当然のことながら，以下の式が成り立つ.

$$\hat{\mathbf{x}} \sim \widetilde{\mathbf{x}} \tag{4.6}$$

同次座標による表現は，コンピュータグラフィックスを考えるうえで以下の三つの点において有用である.

① 座標変換などを行列演算によって扱うことがきる.
② 非線形な透視投影を線形に扱うことができる.
③ 無限遠点が厳密に表現できる.

①や②については後ほど詳しく説明するとして，ここでは③の性質について説明する.

4.1.2 射影空間

　同次座標は，無限遠までを対象とする射影幾何において，その対象とする空間を表現するために導入されたものである．図 4.2 (a)に示すように，ユークリッド幾何では，互いに平行な二つの直線はこれらを無限に伸ばしても決して交わることはないと考える．これに対して射影幾何では，図 4.2 (b)に示すように，互いに平行な二つの直線は無限に遠い所に存在する**無限遠点**（point at infinity）において交わると考える．このように考えることで，ユークリッド幾何では曖昧にされていた無限遠の世界が，射影幾何では数学的に厳密に扱えるようになる．

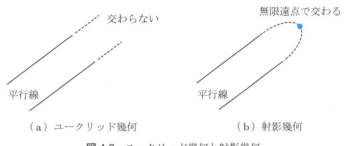

（a）ユークリッド幾何　　　　　　　（b）射影幾何

図 4.2　ユークリッド幾何と射影幾何

　ユークリッド幾何が対象とする空間は**ユークリッド空間**（Euclidean space）とよばれるが，これは，無限遠を含まない空間である．このユークリッド空間に対して，図 4.3 に示すように，無限遠点を加えた空間を**射影空間**（projective space）とよぶ．射影空間が N 次元であるとき，これを N **次元射影空間**とよぶが，1 次元射影空間の場合には**射影直線**（projective line），2 次元射影空間の場合には**射影平面**（projective plane）ともよばれる．無限遠点からなる直線を**無限遠直線**（line at infinity）とよび，無限遠点からなる平面を**無限遠平面**（plane at infinity）とよぶ．無限遠直線や無限遠平面は無限に遠い所に存在する直線や平面である．ユークリッド空間と射影空間の関係は，直感的には図 4.3 のように表すことができる．すなわち，ユークリッド直線の先に無限遠点を加えたものが射影直線であり，ユークリッド平面の周りに円環状の無限遠直線を加えたものが射影平面である．また，3 次元ユークリッド空間の周りに球面状の無限遠平面を加えたものが 3 次元射影空間である．

　無限遠直線は円環状であるのに直線とよぶのはおかしいように思えるが，半径が無

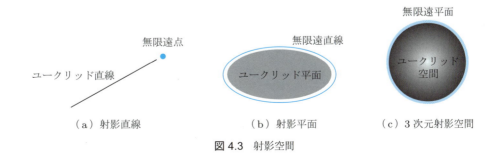

（a）射影直線　　　　　　　（b）射影平面　　　　　　（c）3 次元射影空間

図 4.3　射影空間

限大の円環なので直線である．同様に，無限遠平面も球面状ではあるが，半径が無限
大の球面なので平面である．

4.1.3　同次座標による無限遠点の表現

　　射影空間はユークリッド空間よりも広い空間であることから，通常のユークリッド
空間の座標では射影空間のすべての点を表現することはできない．たとえば，ある方
向にある無限遠点 $\mathbf{x}_1$ をユークリッド座標で表そうとすると，x 座標も y 座標も無限大
であるから $\mathbf{x}_1 = [\infty, \infty]^\top$ と表現せざるをえない．また，この点とは異なる方向にあ
る無限遠点 $\mathbf{x}_2$ を表現しようとすると，この点の x 座標と y 座標もやはり無限大なの
で $\mathbf{x}_2 = [\infty, \infty]^\top$ となり，ユークリッド座標では，二つの無限遠点 $\mathbf{x}_1$，$\mathbf{x}_2$ が区別でき
ない．このように，ユークリッド座標では無限遠点を正確に表現することができない．
これに対して，同次座標では，式(4.1)と式(4.2)より，同次座標の第 3 項である x_3 を
0 にすることで，無限遠点が表せることがわかる．すなわち，原点と点 $\mathbf{x} = [x, y]^\top$ を
結ぶ直線を無限に伸ばした先にある図 4.4 に示すような無限遠点 $\mathbf{x}_\infty$ を考えたとき，
この無限遠点 $\mathbf{x}_\infty$ は同次座標を用いてつぎのように表現できる．

$$\widetilde{\mathbf{x}}_\infty = \begin{bmatrix} x \\ y \\ 0 \end{bmatrix} \tag{4.7}$$

式(4.7)より，異なる方向の無限遠点は異なる同次座標をもち，これらを明確に区別で
きることがわかる．このように，同次座標では，無限遠にある点を有限な数値の組み
合わせで厳密に表現できる．無限遠点が表現できることのありがたみは，第 6 章で学
ぶ投影においてさらに明らかになる．

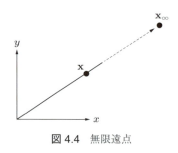

図 4.4　無限遠点

4.2　2 次元空間における幾何学的変換

　　2 次元空間中において，物体を自由に配置するには，2 次元の幾何学的変換を用い
る．本節では，無限遠点も含めて変換できるよう，同次座標を用いて 2 次元変換を説
明する．2 次元変換は，2 次元モデルを配置する目的のほかに，形状を変形したりテ
クスチャーを貼り込んだりするなど，さまざまな目的に用いられる．
　　コンピュータグラフィックスで用いられる 2 次元変換は，①ユークリッド変換，②
相似変換，③アフィン変換，④射影変換のおおむね四つである．ユークリッド変換は

回転と並進からなり，相似変換，アフィン変換，射影変換は，ユークリッド変換をさらに自由度の高い変換に拡張したものである．

4.2.1　回転

原点を中心に物体をある角度だけ回す変換を**回転**（rotation）とよぶ．図 4.5 に示すように，2 次元空間中において物体を角度 θ だけ回転させたとき，この物体上の点 $\mathbf{x} = [x, y]^\top$ が点 $\mathbf{x}' = [x', y']^\top$ に移動したとする．すると，この変換は回転行列 $\mathbf{R}$ を用いて，次式のように表すことができる．

$$\mathbf{x}' = \mathbf{R}\mathbf{x}, \quad \mathbf{R} = \begin{bmatrix} \cos\theta & -\sin\theta \\ \sin\theta & \cos\theta \end{bmatrix} \tag{4.8}$$

しかし，式 (4.8) では各点がユークリッド座標で表されているため，無限遠点の回転を表すことはできない．そこでつぎに同次座標を用いることで，無限遠点を含めた回転を考える．同次座標を用いると，回転変換は次式のように表すことができる．

$$\tilde{\mathbf{x}}' = \mathbf{M}_R \tilde{\mathbf{x}} \tag{4.9}$$

ここで，$\mathbf{M}_R$ はつぎに示す 3×3 行列である．

$$\mathbf{M}_R = \begin{bmatrix} \cos\theta & -\sin\theta & 0 \\ \sin\theta & \cos\theta & 0 \\ 0 & 0 & 1 \end{bmatrix} = \begin{bmatrix} \mathbf{R} & \mathbf{0} \\ \mathbf{0}^\top & 1 \end{bmatrix} \tag{4.10}$$

ただし，$\mathbf{0}$ はゼロベクトルを表す．2 次元空間における回転では変数は θ のみであるため，これは 1 自由度の変換である．

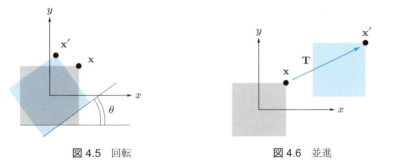

図 4.5　回転　　　　　　　　　　　図 4.6　並進

4.2.2　並進

並進（translation）は，図 4.6 に示すように，物体を平行に移動させる変換である．2 次元空間中において点 $\mathbf{x} = [x, y]^\top$ を x 軸方向に t_x だけ並進し，y 軸方向に t_y だけ並進したとき，点 $\mathbf{x}' = [x', y']^\top$ に移動したとすると，この変換はそれぞれの点の同次座標 $\tilde{\mathbf{x}}$, $\tilde{\mathbf{x}}'$ を用いることにより，以下の式で表すことができる．

$$\tilde{\mathbf{x}}' = \mathbf{M}_T \tilde{\mathbf{x}}, \quad \mathbf{M}_T = \begin{bmatrix} 1 & 0 & t_x \\ 0 & 1 & t_y \\ 0 & 0 & 1 \end{bmatrix} = \begin{bmatrix} \mathbf{I} & \mathbf{T} \\ \mathbf{0}^\top & 1 \end{bmatrix} \tag{4.11}$$

ここで，$\mathbf{I}$ は単位行列を表し，$\mathbf{T}$ は $\mathbf{T} = [t_x, t_y]^\top$ なる**並進ベクトル**(translation vector) である．2次元空間における並進は t_x と t_y で決まるため，2自由度の変換である．

4.2.3　ユークリッド変換

ユークリッド変換(Euclidean transformation)は，回転と並進を合わせた変換である．2次元平面上の点 $\mathbf{x} = [x, y]^\top$ から2次元平面上の点 $\mathbf{x}' = [x', y']^\top$ へのユークリッド変換は同次座標を用いて以下のように記述できる．

$$\widetilde{\mathbf{x}}' = \mathbf{M}_E \widetilde{\mathbf{x}}, \quad \mathbf{M}_E = \mathbf{M}_T \mathbf{M}_R = \begin{bmatrix} \mathbf{R} & \mathbf{T} \\ \mathbf{0}^\top & 1 \end{bmatrix} \tag{4.12}$$

2次元空間におけるユークリッド変換は，回転1自由度，並進2自由度の合計3自由度の変換である．

4.2.4　相似変換

図4.7に示すように，物体の大きさを定数倍する変換を**スケール変換**(scale transformation)とよぶ．スケール変換は以下のように表すことができる．

$$\widetilde{\mathbf{x}}' = \mathbf{M}_K \widetilde{\mathbf{x}}, \quad \mathbf{M}_K = \begin{bmatrix} s & 0 & 0 \\ 0 & s & 0 \\ 0 & 0 & 1 \end{bmatrix} \tag{4.13}$$

ここで，s は拡大縮小の大きさを表す**スケールファクタ**である．

このようなスケール変換とユークリッド変換を合成したものを**相似変換**(similarity transformation)とよぶ．相似変換は以下のように，スケール変換を表す行列 $\mathbf{M}_K$ とユークリッド変換を表す行列 $\mathbf{M}_E$ の積によって表すことができる．

$$\widetilde{\mathbf{x}}' = \mathbf{M}_S \widetilde{\mathbf{x}}, \quad \mathbf{M}_S = \mathbf{M}_E \mathbf{M}_K = \mathbf{M}_T \mathbf{M}_R \mathbf{M}_K \tag{4.14}$$

相似変換は3自由度のユークリッド変換に1自由度のスケール変換を加えたものであるから，その自由度は4である．

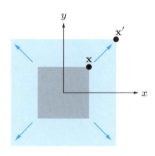

図 4.7　スケール変換

4.2.5 アフィン変換

図 4.8 のように，正方形を平行四辺形にするような変形を**せん断変形**(deformation, shear)とよぶ．せん断変形は，直角性は保たれないが平行性は保たれる変形である．このような変形は，図形をある角度回転した後，x 軸方向に拡大(あるいは縮小)し，その後同じ角度だけ逆回転させることによって実現できる．すなわち，せん断変形は同次座標を用いて以下のように表すことができる．

$$\widetilde{\mathbf{x}}' = \mathbf{M}_D \widetilde{\mathbf{x}}, \quad \mathbf{M}_D = \begin{bmatrix} \cos\tau & \sin\tau & 0 \\ -\sin\tau & \cos\tau & 0 \\ 0 & 0 & 1 \end{bmatrix} \begin{bmatrix} \sigma & 0 & 0 \\ 0 & 1 & 0 \\ 0 & 0 & 1 \end{bmatrix} \begin{bmatrix} \cos\tau & -\sin\tau & 0 \\ \sin\tau & \cos\tau & 0 \\ 0 & 0 & 1 \end{bmatrix}$$

$$(4.15)$$

ここで，σ は x 軸方向に関する拡大(縮小)の大きさを表す**せん断率**であり，τ は**せん断方向**(拡大縮小方向)を表す．せん断変形は τ と σ からなるので，2 自由度である．

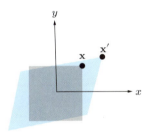

図 4.8 せん断変形

相似変換にせん断変形を加えた変換を**アフィン変換**(affine transformation)とよぶ．アフィン変換は同次座標を用いて以下のように表すことができる．

$$\widetilde{\mathbf{x}}' = \mathbf{M}_A \widetilde{\mathbf{x}}, \quad \mathbf{M}_A = \mathbf{M}_S \mathbf{M}_D = \mathbf{M}_T \mathbf{M}_R \mathbf{M}_K \mathbf{M}_D \tag{4.16}$$

アフィン変換は 4 自由度の相似変換に 2 自由度のせん断変形を加えたものであるので，その自由度は 6 である．式(4.16)の $\mathbf{M}_A$ を要素を陽に書き表してみると，以下のように第 3 行が $(0,0,1)$ であるような 6 自由度の行列であることがわかる．

$$\mathbf{M}_A = \begin{bmatrix} m_{11} & m_{12} & m_{13} \\ m_{21} & m_{22} & m_{23} \\ 0 & 0 & 1 \end{bmatrix} \tag{4.17}$$

つぎに，無限遠点のアフィン変換を考えてみる．一般に，無限遠点は $\widetilde{\mathbf{x}} = [x, y, 0]^\top$ と表せる．これをアフィン変換するとつぎのようになる．

$$\begin{bmatrix} m_{11} & m_{12} & m_{13} \\ m_{21} & m_{22} & m_{23} \\ 0 & 0 & 1 \end{bmatrix} \begin{bmatrix} x \\ y \\ 0 \end{bmatrix} = \begin{bmatrix} m_{11}x + m_{12}y \\ m_{21}x + m_{22}y \\ 0 \end{bmatrix} \tag{4.18}$$

変換後の同次座標の第 3 項が 0 であることから，これは無限遠点であることがわかる．すなわち，アフィン変換では，無限遠点はつねに無限遠点に変換される．これは，ア

フィン変換が平行な線の組を平行な線の組に変換する(平行性を保存する)ことを表している.

4.2.6　射影変換

　図4.9に示すように,扇形に変形することを**扇形変形**(fanning)とよぶ.一般に扇形変形では平行な直線群を平行でない直線群に変換する.すなわち,平行線が交わる無限遠点を有限な点に移動させる変換であると考えることができる.このような扇形変形は以下の式で表すことができる.

$$\tilde{\mathbf{x}}' = \mathbf{M}_F \tilde{\mathbf{x}}, \quad \mathbf{M}_F = \begin{bmatrix} 1 & 0 & 0 \\ 0 & 1 & 0 \\ \alpha & \beta & 1 \end{bmatrix} \tag{4.19}$$

ここで,αとβはx軸方向とy軸方向の扇形変形の大きさを表す**扇形変形率**である.

　無限遠点$\tilde{\mathbf{x}} = [x, y, 0]^\top$は,式(4.19)により一般に有限な点 $\left[\frac{x}{\alpha x + \beta y}, \frac{y}{\alpha x + \beta y}, 1\right]^\top$ に変換される.扇形変形はαとβによって決まるため,2自由度である.

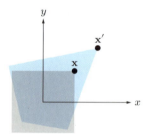

図4.9　扇形変形

　アフィン変換に,さらに扇形変形を加えたものを**射影変換**(projective transformation)とよぶ.射影変換は同次座標を用いて以下のように表すことができる.

$$\tilde{\mathbf{x}}' = \mathbf{M}_P \tilde{\mathbf{x}}, \quad \mathbf{M}_P = \mathbf{M}_A \mathbf{M}_F = \mathbf{M}_T \mathbf{M}_R \mathbf{M}_K \mathbf{M}_D \mathbf{M}_F \tag{4.20}$$

射影変換は6自由度のアフィン変換に2自由度の扇形変形を加えたものであるので,その自由度は8である.行列$\mathbf{M}_P$は3×3行列であり,九つの要素をもつが,式(4.20)において$\mathbf{M}_P$全体をある定数倍しても同次座標$\tilde{\mathbf{x}}'$全体が定数倍されるだけであり,この同次座標が表す点$\mathbf{x}'$に変化はない.すなわち,行列$\mathbf{M}_P$はその全要素を定数倍しても$\mathbf{M}_P$が表す射影変換には変わりはない.これは,$\mathbf{M}_P$の九つの要素のうちのいずれか一つを1に固定したときの残りの8個の要素の値によって変換が決まることを表している.したがって,行列$\mathbf{M}_P$の自由度は9ではなく8である.

4.3　複数の変換の組み合わせ

　前節で述べた変換はすべて座標原点が基準となる.したがって,座標原点と物体中心とが異なる場合には座標変換や形状変形する際に注意が必要である.たとえば,座

標原点とは異なる位置にある物体をその場で回転させたい場合に単純に回転変換を行うと，座標原点中心に回転するため物体が回転すると同時に物体の位置も変わってしまう．したがって，物体をその場で回転させるには，物体をいったん，座標原点に並進し，回転を行った後，逆方向に同じ大きさだけ並進するという操作が必要になる．

　このように，物体を適切に配置するためには，一般に複数の変換を組み合わせる必要がある．このような複数の変換の合成は，同次座標を用いれば，変換行列の積によって実現できる．たとえば，物体をその場で回転させたい場合には，物体を座標原点に並進する行列 $\mathbf{M}_T$ と物体を回転する行列 $\mathbf{M}_R$ を以下のように組み合わせて変換すればよい．

$$\widetilde{\mathbf{x}}' = \mathbf{M}_T^{-1} \mathbf{M}_R \mathbf{M}_T \widetilde{\mathbf{x}} \tag{4.21}$$

ここで，$\mathbf{x}$ と $\mathbf{x}'$ は変換前と変換後の 2 次元物体上の点である．

　つぎに，より一般的な配置の問題を考えることにする．いま，図 4.10 に示すように，元の xy 座標系とは異なる新たな $x'y'$ 座標系を考え，xy 座標系で表現されている物体に対して，それとは異なる $x'y'$ 座標系を基準とした変換 $\mathbf{M}_X$ を加えたいとする．このような場合には，回転 $\mathbf{M}_R$ と並進 $\mathbf{M}_T$ による座標系の変換と変換 $\mathbf{M}_X$ とを次式のように組み合わせることによって実現できる．

$$\widetilde{\mathbf{x}}' = \mathbf{M}_T^{-1} \mathbf{M}_R^{-1} \mathbf{M}_X \mathbf{M}_R \mathbf{M}_T \widetilde{\mathbf{x}} \tag{4.22}$$

ここで，$\mathbf{T}'$ を xy 座標系からみた $x'y'$ 座標系の位置とし，$\mathbf{R}'$ を xy 座標系からみた $x'y'$ 座標系の姿勢を表す回転行列とすると，$\mathbf{M}_R$ と $\mathbf{M}_T$ はそれぞれ以下のように表すことができる．

$$\mathbf{M}_R = \begin{bmatrix} \mathbf{R}'^{-1} & \mathbf{0} \\ \mathbf{0}^\top & 1 \end{bmatrix}, \quad \mathbf{M}_T = \begin{bmatrix} \mathbf{I} & -\mathbf{T}' \\ \mathbf{0}^\top & 1 \end{bmatrix} \tag{4.23}$$

先に述べた物体をその場で回転させる変換は，この特殊な場合である．

　また，図 4.10 のように，xy 座標系で表されている点 $\mathbf{x}$ を，$x'y'$ 座標系で表すには，以下のように変換すればよい．

$$\widetilde{\mathbf{x}}' = \mathbf{M}_R \mathbf{M}_T \widetilde{\mathbf{x}} \tag{4.24}$$

ここで，$\mathbf{M}_R$ と $\mathbf{M}_T$ は，先と同様に，xy 座標系からみた $x'y'$ 座標系の位置と姿勢を表す $\mathbf{T}'$ と $\mathbf{R}'$ を用いて式(4.23)のように表すことができる．

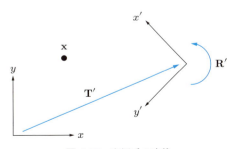

図 4.10　座標系の変換

第4章のポイント

1. 三つの数値の比によって2次元空間の位置を表現する座標のとり方を**同次座標(斉次座標)**とよぶ. 通常の2次元座標ではユークリッド空間中の点しか表せないのに対して, 同次座標ではユークリッド空間に無限遠点を加えた射影空間のすべての点を表すことができる.

2. 同次座標を用いることで, 幾何学的変換を行列演算によって表すことができる.

3. 2次元空間における物体の配置や形状変形は, 2次元の幾何学的変換を組み合わせることによって行うことができる. 幾何学的変換には**回転, 並進, ユークリッド変換, 相似変換, アフィン変換, 射影変換**などがある.

4. ユークリッド変換は回転と並進からなる. 相似変換はユークリッド変換にスケール変換を加えたものである. アフィン変換は相似変換にせん断変形を加えたものである. 射影変換はアフィン変換に扇型変形を加えたものである.

5. 複数の幾何学的変換を組み合わせる際には, 組み合わせる順番に注意する必要がある.

演習問題

4.1 x軸方向の無限遠点 $\mathbf{x}_1$, y軸方向の無限遠点 $\mathbf{x}_2$, $[5,3]^\top$ 方向の無限遠点 $\mathbf{x}_3$ をそれぞれ同次座標で表せ.

4.2 無限遠点に対して並進を行っても無限遠点は不変であることを示せ.

4.3 以下の行列 $\mathbf{H}$ で表される射影変換によって, 2次元点 $\mathbf{x} = [4,3]^\top$ が変換されたとする. このとき変換後の点 $\mathbf{x}'$ の座標を求めよ.

$$\mathbf{H} = \begin{bmatrix} 1 & 0 & 2 \\ 1 & 1 & 5 \\ 2 & -1 & 1 \end{bmatrix}$$

4.4 2次元平面上において物体を点 $[5,2]^\top$ を中心に $30°$ 回転させたい. このとき物体の同次座標に加えるべき変換 $\mathbf{M}$（3×3 行列）を求めよ.

4.5 xy 座標系に対して $60°$ 回転し $[10,3]^\top$ 並進した座標系を $x'y'$ 座標系とする. xy 座標系において $[2,6]^\top$ なる座標値をもつ点の $x'y'$ 座標系における座標値を求めよ.

第5章

3次元空間における配置と形状変形

keywords

同次座標，斉次座標，ユークリッド空間，射影空間，無限遠点，ユークリッド変換，
相似変換，アフィン変換，射影変換

コンピュータグラフィックスでは，仮想的な3次元のシーン（情景）をコンピュータ
上に作成し，これを投影することでCG画像を生成する．このときに対象とする3次
元シーンは，第2章や第3章において作成したさまざまな3次元モデルを，図5.1に
示すように一つの3次元空間に配置することで作成する．本章では，3次元モデルを
空間中において任意の位置に任意の姿勢で配置したり形状変形したりする方法につい
て学習する．

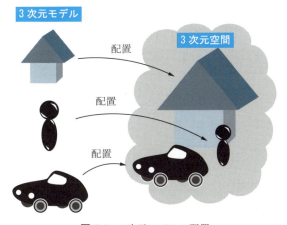

図 5.1　3次元モデルの配置

5.1　3次元空間の同次座標

2次元の場合と同様に，3次元空間中においても，同次座標（斉次座標）に基づいて
幾何学的変換を考えると考えやすい．以下では，まず，3次元空間中の点を同次座標
を用いて表現する方法について学習する．

5.1.1　同次座標

　3 次元空間中の点 $\mathbf{X}$ は，この空間に設けられた 3 次元座標系（XYZ 座標系）に基づいて三つの座標値 $\mathbf{X} = [X, Y, Z]^\top$ によってその位置が決まる．これに対して同次座標では，この点 $\mathbf{X}$ を表すのに，以下の条件を満たす四つの実数の組 $\widetilde{\mathbf{X}} = [X_1, X_2, X_3, X_4]^\top$ を用いる．

$$X = \frac{X_1}{X_4} \tag{5.1}$$

$$Y = \frac{X_2}{X_4} \tag{5.2}$$

$$Z = \frac{X_3}{X_4} \tag{5.3}$$

ただし，X_1，X_2，X_3，X_4 のうち，少なくとも一つは 0 でないとする．

　2 次元空間の場合と同様，3 次元空間において同じ点を表す同次座標は無限に存在し，これらを互いに同値であるという．以下に示すように，ある同次座標 $\widetilde{\mathbf{X}}$ を λ 倍して得られる同次座標は，$\widetilde{\mathbf{X}}$ に対して同値であり，物理的に同じ点 $\mathbf{X}$ を表している．

$$\widetilde{\mathbf{X}} \sim \lambda \widetilde{\mathbf{X}} \tag{5.4}$$

ただし，λ は 0 でない実数である．たとえば，$\widetilde{\mathbf{X}} = [10, 20, 6, 2]^\top$ や $\widetilde{\mathbf{X}} = [2.5, 5, 1.5, 0.5]^\top$ は 3 次元空間中の同じ点 $\mathbf{X} = [5, 10, 3]^\top$ を表す．

5.1.2　同次座標による無限遠点の表現

　3 次元空間においても 2 次元空間の場合と同様に，通常のユークリッド座標では表すことのできない無限遠点を，同次座標を用いることで厳密に表すことができるようになる．

　3 次元空間中において無限に遠い点は，その X，Y，Z 座標は無限大となるため，通常のユークリッド座標では $[\infty, \infty, \infty]^\top$ と表さざるをえない．しかし，これでは点の位置を表したことにはならず，また異なる方向に存在する無限遠点どうしを識別することもできない．これに対して，同次座標では，第 4 項 X_4 が 0 であるとき，原点 $[0, 0, 0]^\top$ と $[X_1, X_2, X_3]^\top$ の点とを結ぶ直線上に存在する無限遠点を表す．たとえば，図 5.2 に示すように，原点と点 $\mathbf{X} = [2, 1, 3]^\top$ とを結ぶ直線上にある無限遠点 $\mathbf{X}_\infty$ を考えたとき，この無限遠点 $\mathbf{X}_\infty$ は，同次座標を用いれば $\widetilde{\mathbf{X}}_\infty = [2, 1, 3, 0]^\top$ と

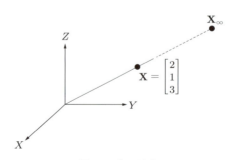

図 5.2　無限遠点

表される.

　このように，同次座標では，無限遠点の座標を有限の数値によって表すことができ，また異なる方向に存在する無限遠点は異なる同次座標をもつため，それぞれの無限遠点を厳密に表現できる.

5.2　3次元空間の幾何学的変換

　3次元空間中においても2次元の場合と同様に，ユークリッド変換，相似変換，アフィン変換，射影変換などを考えることができる. とくに，ユークリッド変換は3次元物体の配置を行う場合に頻繁に用いられ，相似変換，アフィン変換，射影変換は物体形状を変形する場合に用いられる.

5.2.1　回転

　3次元空間における回転は，X軸回りの回転，Y軸回りの回転，Z軸回りの回転の合わせて3自由度をもつ.

　いま，図5.3に示すように，3次元物体をX軸回りに角度θ_X，Y軸回りに角度θ_Y，Z軸回りに角度θ_Z回転したとする. このとき，物体上の点$\mathbf{X} = [X, Y, Z]^\top$が点$\mathbf{X}' = [X', Y', Z']^\top$に移動したとすると，この変換は回転行列$\mathbf{R}$を用いて以下のように表すことができる.

$$\mathbf{X}' = \mathbf{R}\mathbf{X} \tag{5.5}$$

ここで，$\mathbf{R}$はX軸回りの回転$\mathbf{R}_X$，Y軸回りの回転$\mathbf{R}_Y$，Z軸回りの回転$\mathbf{R}_Z$からなる以下に示す3×3行列である.

$$\mathbf{R} = \mathbf{R}_Z \mathbf{R}_Y \mathbf{R}_X$$

$$= \begin{bmatrix} \cos\theta_Z & -\sin\theta_Z & 0 \\ \sin\theta_Z & \cos\theta_Z & 0 \\ 0 & 0 & 1 \end{bmatrix} \begin{bmatrix} \cos\theta_Y & 0 & \sin\theta_Y \\ 0 & 1 & 0 \\ -\sin\theta_Y & 0 & \cos\theta_Y \end{bmatrix} \begin{bmatrix} 1 & 0 & 0 \\ 0 & \cos\theta_X & -\sin\theta_X \\ 0 & \sin\theta_X & \cos\theta_X \end{bmatrix} \tag{5.6}$$

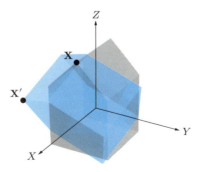

図5.3　3次元空間中の回転

式(5.5)では各3次元点がユークリッド座標で表されているため，無限遠点の回転を扱うことができない．そこで，つぎに同時座標を用いて回転変換を表現する．同次座標を用いると，3次元空間中の回転は次式のように表すことができる．

$$\widetilde{\mathbf{X}}' = \mathbf{M}_R \widetilde{\mathbf{X}} \tag{5.7}$$

ここで，$\mathbf{M}_R$ はつぎに示す 4×4 行列である．

$$
\begin{aligned}
\mathbf{M}_R &= \begin{bmatrix} \mathbf{R} & \mathbf{0} \\ \mathbf{0}^\top & 1 \end{bmatrix} \\
&= \begin{bmatrix} \mathbf{R}_Z & \mathbf{0} \\ \mathbf{0}^\top & 1 \end{bmatrix} \begin{bmatrix} \mathbf{R}_Y & \mathbf{0} \\ \mathbf{0}^\top & 1 \end{bmatrix} \begin{bmatrix} \mathbf{R}_X & \mathbf{0} \\ \mathbf{0}^\top & 1 \end{bmatrix} \\
&= \begin{bmatrix} \cos\theta_Z & -\sin\theta_Z & 0 & 0 \\ \sin\theta_Z & \cos\theta_Z & 0 & 0 \\ 0 & 0 & 1 & 0 \\ 0 & 0 & 0 & 1 \end{bmatrix} \begin{bmatrix} \cos\theta_Y & 0 & \sin\theta_Y & 0 \\ 0 & 1 & 0 & 0 \\ -\sin\theta_Y & 0 & \cos\theta_Y & 0 \\ 0 & 0 & 0 & 1 \end{bmatrix} \begin{bmatrix} 1 & 0 & 0 & 0 \\ 0 & \cos\theta_X & -\sin\theta_X & 0 \\ 0 & \sin\theta_X & \cos\theta_X & 0 \\ 0 & 0 & 0 & 1 \end{bmatrix}
\end{aligned} \tag{5.8}
$$

式(5.7)に示す同次座標に基づく回転変換は，無限遠点を含めた3次元射影空間中のあらゆる点を回転することができる．

5.2.2 並進

図5.4に示すように，3次元空間中において，物体を X 軸方向へ T_X だけ並進し，Y 軸方向へ T_Y だけ並進し，Z 軸方向へ T_Z だけ並進したとする．すると，並進前の点 $\mathbf{X} = [X, Y, Z]^\top$ と並進後の点 $\mathbf{X}' = [X', Y', Z']^\top$ との関係は，同次座標を用いて以下のように表すことができる．

$$\widetilde{\mathbf{X}}' = \mathbf{M}_T \widetilde{\mathbf{X}}, \quad \mathbf{M}_T = \begin{bmatrix} 1 & 0 & 0 & T_X \\ 0 & 1 & 0 & T_Y \\ 0 & 0 & 1 & T_Z \\ 0 & 0 & 0 & 1 \end{bmatrix} = \begin{bmatrix} \mathbf{I} & \mathbf{T} \\ \mathbf{0}^\top & 1 \end{bmatrix} \tag{5.9}$$

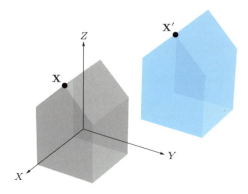

図5.4 3次元空間中の並進

ここで，$\mathbf{T} = [T_X, T_Y, T_Z]^\top$ は 3 次元の並進ベクトルである．3 次元空間における並進は T_X，T_Y，T_Z で決まるため，3 自由度の変換である．

つぎに，無限遠点の並進について考えてみる．ある無限遠点を $\widetilde{\mathbf{X}} = [X, Y, Z, 0]^\top$ と表すと，この点の並進は次式のようになる．

$$\begin{bmatrix} 1 & 0 & 0 & T_X \\ 0 & 1 & 0 & T_Y \\ 0 & 0 & 1 & T_Z \\ 0 & 0 & 0 & 1 \end{bmatrix} \begin{bmatrix} X \\ Y \\ Z \\ 0 \end{bmatrix} = \begin{bmatrix} X \\ Y \\ Z \\ 0 \end{bmatrix} \tag{5.10}$$

この式から明らかなように，無限遠点は並進のもとでは不変である．同次座標を用いることで，このような無限遠点の性質も明確に記述できることがわかる．

5.2.3　ユークリッド変換

3 次元空間におけるユークリッド変換は，3 次元の回転と 3 次元の並進を組み合わせた変換である．3 次元空間中の点 $\mathbf{X} = [X, Y, Z]^\top$ から 3 次元空間中の点 $\mathbf{X}' = [X', Y', Z']^\top$ へのユークリッド変換は，同次座標を用いて以下のように記述できる．

$$\widetilde{\mathbf{X}}' = \mathbf{M}_E \widetilde{\mathbf{X}}, \quad \mathbf{M}_E = \mathbf{M}_T \mathbf{M}_R = \begin{bmatrix} \mathbf{R} & \mathbf{T} \\ \mathbf{0}^\top & 1 \end{bmatrix} \tag{5.11}$$

3 次元空間におけるユークリッド変換は，回転 3 自由度，並進 3 自由度の合計 6 自由度の変換である．

5.2.4　相似変換

図 5.5 に示すように，3 次元空間において物体の大きさを定数倍するスケール変換は，以下のように表すことができる．

$$\widetilde{\mathbf{X}}' = \mathbf{M}_K \widetilde{\mathbf{X}}, \quad \mathbf{M}_K = \begin{bmatrix} s & 0 & 0 & 0 \\ 0 & s & 0 & 0 \\ 0 & 0 & s & 0 \\ 0 & 0 & 0 & 1 \end{bmatrix} \tag{5.12}$$

ここで，s は拡大縮小の大きさを表すスケールファクタである．

このようなスケール変換とユークリッド変換を合成したものが 3 次元空間における相似変換である．相似変換は，以下のように，スケール変換を表す行列 $\mathbf{M}_K$ とユークリッド変換を表す行列 $\mathbf{M}_E$ の積によって表すことができる．

$$\widetilde{\mathbf{X}}' = \mathbf{M}_S \widetilde{\mathbf{X}}, \quad \mathbf{M}_S = \mathbf{M}_E \mathbf{M}_K = \mathbf{M}_T \mathbf{M}_R \mathbf{M}_K \tag{5.13}$$

相似変換は 6 自由度のユークリッド変換に 1 自由度のスケール変換を加えたものであるから，その自由度は 7 である．

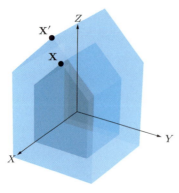

図5.5　3次元スケール変換

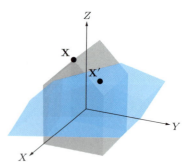

図5.6　3次元せん断変形

5.2.5　アフィン変換

図5.6に示すような3次元空間におけるせん断変形は，XY平面におけるせん断変形と，YZ平面におけるせん断変形と，XZ平面におけるせん断変形の三つを合成したものとなる．それぞれのせん断変形は，以下の行列によって表現される．

（1）XY平面におけるせん断変形

$$\mathbf{M}_{DXY} = \begin{bmatrix} \cos\tau_Z & \sin\tau_Z & 0 & 0 \\ -\sin\tau_Z & \cos\tau_Z & 0 & 0 \\ 0 & 0 & 1 & 0 \\ 0 & 0 & 0 & 1 \end{bmatrix} \begin{bmatrix} \sigma_X & 0 & 0 & 0 \\ 0 & 1 & 0 & 0 \\ 0 & 0 & 1 & 0 \\ 0 & 0 & 0 & 1 \end{bmatrix} \begin{bmatrix} \cos\tau_Z & -\sin\tau_Z & 0 & 0 \\ \sin\tau_Z & \cos\tau_Z & 0 & 0 \\ 0 & 0 & 1 & 0 \\ 0 & 0 & 0 & 1 \end{bmatrix}$$

$$(5.14)$$

（2）YZ平面におけるせん断変形

$$\mathbf{M}_{DYZ} = \begin{bmatrix} 1 & 0 & 0 & 0 \\ 0 & \cos\tau_X & \sin\tau_X & 0 \\ 0 & -\sin\tau_X & \cos\tau_X & 0 \\ 0 & 0 & 0 & 1 \end{bmatrix} \begin{bmatrix} 1 & 0 & 0 & 0 \\ 0 & \sigma_Y & 0 & 0 \\ 0 & 0 & 1 & 0 \\ 0 & 0 & 0 & 1 \end{bmatrix} \begin{bmatrix} 1 & 0 & 0 & 0 \\ 0 & \cos\tau_X & -\sin\tau_X & 0 \\ 0 & \sin\tau_X & \cos\tau_X & 0 \\ 0 & 0 & 0 & 1 \end{bmatrix}$$

$$(5.15)$$

（3）XZ平面におけるせん断変形

$$\mathbf{M}_{DXZ} = \begin{bmatrix} \cos\tau_Y & 0 & -\sin\tau_Y & 0 \\ 0 & 1 & 0 & 0 \\ \sin\tau_Y & 0 & \cos\tau_Y & 0 \\ 0 & 0 & 0 & 1 \end{bmatrix} \begin{bmatrix} 1 & 0 & 0 & 0 \\ 0 & 1 & 0 & 0 \\ 0 & 0 & \sigma_Z & 0 \\ 0 & 0 & 0 & 1 \end{bmatrix} \begin{bmatrix} \cos\tau_Y & 0 & \sin\tau_Y & 0 \\ 0 & 1 & 0 & 0 \\ -\sin\tau_Y & 0 & \cos\tau_Y & 0 \\ 0 & 0 & 0 & 1 \end{bmatrix}$$

$$(5.16)$$

3次元空間のせん断変形は，これら三つの行列を用いて以下のように表すことができる．

$$\widetilde{\mathbf{X}}' = \mathbf{M}_D\widetilde{\mathbf{X}}, \quad \mathbf{M}_D = \mathbf{M}_{DXZ}\mathbf{M}_{DYZ}\mathbf{M}_{DXY} \tag{5.17}$$

ここで, σ_X, σ_Y, σ_Z は X 軸, Y 軸, Z 軸方向に関する拡大(縮小)の大きさを表すせん断率である. また, τ_X, τ_Y, τ_Z は X 軸, Y 軸, Z 軸回りの回転角であり, それぞれ YZ 平面, ZX 平面, XY 平面上でのせん断方向を表す. このように, 3次元のせん断変形は 6 自由度である.

3次元アフィン変換は 3 次元ユークリッド変換に 3 次元せん断変形を加えたものであり, 以下のように表すことができる.

$$\widetilde{\mathbf{X}}' = \mathbf{M}_A \widetilde{\mathbf{X}}, \quad \mathbf{M}_A = \mathbf{M}_E \mathbf{M}_D = \mathbf{M}_T \mathbf{M}_R \mathbf{M}_D \tag{5.18}$$

すなわち, 3次元アフィン変換は 12 自由度の変換である. 式(5.18)において, 行列 $\mathbf{M}_A$ の各要素を陽に書き表すと, 以下に示すように第 4 行目が $(0, 0, 0, 1)$ であるような 12 自由度の行列であることがわかる.

$$\mathbf{M}_A = \begin{bmatrix} m_{11} & m_{12} & m_{13} & m_{14} \\ m_{21} & m_{22} & m_{23} & m_{24} \\ m_{31} & m_{32} & m_{33} & m_{34} \\ 0 & 0 & 0 & 1 \end{bmatrix} \tag{5.19}$$

つぎに, 3次元空間中の無限遠点に対してアフィン変換をかけてみる. 3 次元空間中の無限遠点を $\widetilde{\mathbf{X}} = [X, Y, Z, 0]^\top$ と表すと, この点のアフィン変換は次式のようになる.

$$\begin{bmatrix} m_{11} & m_{12} & m_{13} & m_{14} \\ m_{21} & m_{22} & m_{23} & m_{24} \\ m_{31} & m_{32} & m_{33} & m_{34} \\ 0 & 0 & 0 & 1 \end{bmatrix} \begin{bmatrix} X \\ Y \\ Z \\ 0 \end{bmatrix} = \begin{bmatrix} m_{11}X + m_{12}Y + m_{13}Z \\ m_{21}X + m_{22}Y + m_{23}Z \\ m_{31}X + m_{32}Y + m_{33}Z \\ 0 \end{bmatrix} \tag{5.20}$$

このように, 変換後の点の第 4 項が 0 となることから, 変換後の点も無限遠となることがわかる. すなわち, 無限遠点はアフィン変換によって無限遠点に変換される. 無限遠点で交わる二直線は互いに平行であることから, これは, 平行な二直線がアフィン変換によって平行な二直線に変換されることを表している.

5.2.6 射影変換

3次元の扇形変形は, 図 5.7 に示すように, 三つの軸それぞれに対して扇形の変形が行われる. このような 3 次元の扇形変形は以下のように表すことができる.

$$\widetilde{\mathbf{X}}' = \mathbf{M}_F \widetilde{\mathbf{X}}, \quad \mathbf{M}_F = \begin{bmatrix} 1 & 0 & 0 & 0 \\ 0 & 1 & 0 & 0 \\ 0 & 0 & 1 & 0 \\ \alpha & \beta & \gamma & 1 \end{bmatrix} \tag{5.21}$$

ここで, α, β, γ はそれぞれ X 軸方向, Y 軸方向, Z 軸方向の扇形変形の大きさを表す扇形変形率である. 3 次元の扇形変形は α, β, γ によって決まるため, 3 自由度である.

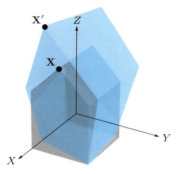

図 5.7 3 次元扇形変形

　3 次元アフィン変換に 3 次元扇形変形を加えたものが，3 次元射影変換である．3 次元射影変換は同次座標を用いて以下のように表すことができる．

$$\widetilde{\mathbf{X}}' = \mathbf{M}_P \widetilde{\mathbf{X}}, \qquad \mathbf{M}_P = \mathbf{M}_A \mathbf{M}_F = \mathbf{M}_T \mathbf{M}_R \mathbf{M}_D \mathbf{M}_F \tag{5.22}$$

射影変換は 12 自由度のアフィン変換に 3 自由度の扇形変形を加えたものであるので，その自由度は 15 である．行列 $\mathbf{M}_P$ は 4×4 行列であり，16 個の要素をもつが，$\mathbf{M}_P$ 全体をある定数倍してもこれによって表される射影変換には変わりはなく，行列 $\mathbf{M}_P$ には定数倍の不定性がある．したがって，行列 $\mathbf{M}_P$ の自由度は 16 ではなく 15 である．

5.3　複数の変換の組み合わせ

　コンピュータグラフィックスでは，作成した 3 次元モデルを配置して一つの 3 次元シーンを生成する．このときの 3 次元モデルの配置には，通常，回転，並進，スケール変換の三つを組み合わせて行う．このような複数の変換の合成は，同次座標を用いれば，変換行列の積によって実現できる．たとえば，作成したモデルをある位置にある姿勢である大きさで配置するには，以下のように並進 $\mathbf{M}_T$ と回転 $\mathbf{M}_R$ とスケール変換 $\mathbf{M}_K$ を組み合わせればよい．

$$\widetilde{\mathbf{X}}' = \mathbf{M}_T \mathbf{M}_R \mathbf{M}_K \widetilde{\mathbf{X}} \tag{5.23}$$

　このように変換を組み合わせて用いる場合には，変換の順番に十分注意する必要がある．変換の順番を間違えると，思った所に物体が配置されないなどの問題が生じる．たとえば，先の変換の順番を入れ替えて以下のように変換したとする．

$$\widetilde{\mathbf{X}}' = \mathbf{M}_K \mathbf{M}_R \mathbf{M}_T \widetilde{\mathbf{X}} \tag{5.24}$$

すると今度は，物体に対して並進をした後，回転し，その後スケール変換することになる．変換はつねに座標原点を基準に行われるため，並進をした後に回転を行うと，この回転によって物体の姿勢が変わるだけでなく，物体の位置も変わってしまう．またスケール変換も座標原点を基準に行われるため，スケール変換によって，物体の大きさがかわるだけでなく，さらに物体の位置が変わってしまう．この結果，式(5.23)

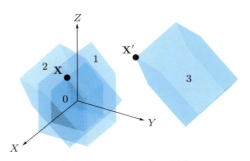

（ａ）スケール→回転→並進

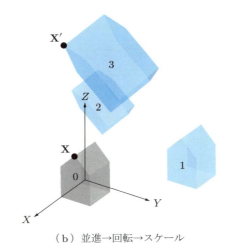

（ｂ）並進→回転→スケール

図 5.8 変換の組み合わせ順

の変換と式(5.24)の変換とでは，図 5.8 に示すようにその結果に大きな違いが生じる．
このように，変換を組み合わせて用いる場合には，その目的に応じて変換の順番をよ
く考え，適切に組み合わせる必要がある．

　コンピュータグラフィックスでは，すでに 3 次元空間中のある位置に配置されてい
て座標原点にはない物体を形状変形する場合がある．たとえば，ある位置に配置され
ている物体をその場で回転させたいとする．このとき，単純に回転変換を行うと，座
標原点を中心に回転するため，物体が回転すると同時に位置も変わってしまう．この
ような場合にその場で物体を回転させるには，物体をいったん，座標原点に並進し，
回転を行った後，逆方向に同じ大きさだけ並進して元の位置に戻すという処理を行え
ばよい．物体を座標原点に並進する行列を $\mathbf{M}_T$，物体を回転する行列を $\mathbf{M}_R$ とする
と，以下のように組み合わせればよいことになる．

$$\widetilde{\mathbf{X}}' = \mathbf{M}_T^{-1}\mathbf{M}_R\mathbf{M}_T\widetilde{\mathbf{X}} \tag{5.25}$$

　一般に，図 5.9 に示すように，元の XYZ 座標系とは異なる新たな $X'Y'Z'$ 座標系
を考え，この座標系を基準に物体に対して変換 $\mathbf{M}_X$ を加えたい場合には，以下に示
すように，回転 $\mathbf{M}_R$ と並進 $\mathbf{M}_T$ による座標変換と変換 $\mathbf{M}_X$ とを組み合わせることに
よって実現できる．

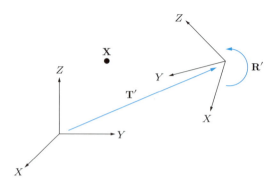

図 5.9　座標系の変換

$$\widetilde{\mathbf{X}}' = \mathbf{M}_T^{-1}\mathbf{M}_R^{-1}\mathbf{M}_X\mathbf{M}_R\mathbf{M}_T\widetilde{\mathbf{X}} \tag{5.26}$$

ここで，$\mathbf{T}'$ は XYZ 座標系からみた $X'Y'Z'$ 座標系の位置とし，$\mathbf{R}'$ は XYZ 座標系からみた $X'Y'Z'$ 座標系の姿勢を表す回転行列であるとすると，$\mathbf{M}_R$ と $\mathbf{M}_T$ はそれぞれ以下のように表せる．

$$\mathbf{M}_R = \begin{bmatrix} \mathbf{R}'^{-1} & \mathbf{0} \\ \mathbf{0}^\top & 1 \end{bmatrix}, \quad \mathbf{M}_T = \begin{bmatrix} \mathbf{I} & -\mathbf{T}' \\ \mathbf{0}^\top & 1 \end{bmatrix} \tag{5.27}$$

先に述べた物体をその場で回転させる変換は，この特殊な場合である．

また，図 5.9 のように，XYZ 座標系で表されている点 $\mathbf{X}$ を，$X'Y'Z'$ 座標系で表すには，以下のように変換すればよい．

$$\widetilde{\mathbf{X}}' = \mathbf{M}_R\mathbf{M}_T\widetilde{\mathbf{X}} \tag{5.28}$$

ここで，$\mathbf{M}_R$ と $\mathbf{M}_T$ は，先と同様に，XYZ 座標系からみた $X'Y'Z'$ 座標系の位置と姿勢を表す $\mathbf{T}'$ と $\mathbf{R}'$ を用いて式(5.27)のように表せる．

第 5 章のポイント

1. 3次元空間における同次座標は四つの数値からなる．3次元ユークリッド空間に無限遠平面を加えた空間を **3次元射影空間** とよぶが，通常の3次元座標では3次元ユークリッド空間しか表せないのに対して，同次座標を用いると3次元射影空間のすべての点を表すことができる．

2. 3次元空間における物体の配置や形状変形などは，3次元の幾何学的変換を組み合わせることによって行う．2次元空間における場合と同様に，3次元空間における幾何学的変換にも **回転**，**並進**，**ユークリッド変換**，**相似変換**，**アフィン変換**，**射影変換** などがある．

3. 3次元ユークリッド変換は3次元の回転と3次元の並進からなる．3次元相似変換は3次元ユークリッド変換に3次元のスケール変換を加えたものである．3次元アフィン変換は3次元ユークリッド変換に3次元のせん断変形を加えたものである．3次元射影変換は3次元アフィン変換に3次元の扇型変形を加えたものである．

4.　3次元空間における物体の配置や形状変形では複数の幾何学的変換を組み合わせて用いるが，その際には組み合わせる順番に十分注意する必要がある.

演習問題

5.1　3次元空間中の点 $\mathbf{X}$ の同次座標が $[3, 7, 2, 1]^\top$ であるとき，同じ点 $\mathbf{X}$ を表す同次座標の内で $[X_1, X_2, X_3, 3]^\top$ なるものを求めよ.

5.2　ある物体が3次元空間中において $[5, 10, 0]^\top$ の位置に置かれているとする. この物体を $[10, 0, 2]^\top$ の位置に移動させ，物体の姿勢を X 軸回りに30° 回転した状態としたい. 物体に対して与えるべき変換を行列 $\mathbf{M}$ を用いて以下のように表すとき，行列 $\mathbf{M}$ を求めよ.

$$\widetilde{\mathbf{X}}' = \mathbf{M}\widetilde{\mathbf{X}}$$

5.3　3次元空間中の点に対してある回転 $\mathbf{M}_R$ を行ったところ，X 軸方向の無限遠点と Y 軸方向の無限遠点がそれぞれ $[\mathbf{X}_1, 0]^\top$ と $[\mathbf{X}_2, 0]^\top$ に変換された. このときに加えた回転 $\mathbf{M}_R$ を $\mathbf{X}_1$ と $\mathbf{X}_2$ を用いて表せ.

5.4　式(5.21)に示す扇形変形によって，無限遠点が有限な点に変換されることを示せ. ただし，α, β, γ は 0 でないとする.

第**6**章

投影

keywords
視点，投影中心，光学中心，画像中心，焦点距離，カメラ座標系，ワールド座標系，
正射影，透視投影，投影行列，消失点

　3 次元モデルを配置して一つの 3 次元シーンが作成できたら，つぎにこの 3 次元シーンを投影し，2 次元の CG 画像を生成することになる．本章では，このとき用いる**投影**（projection）について学習する．

6.1 カメラ座標系

　3 次元シーンは，見る位置や姿勢に応じてその見え方が異なる．このときの見る位置のことを**視点**（viewpoint）あるいは**投影中心**（projection center），**光学中心**（optical center）などとよぶ．

　投影とは，3 次元空間中の点 $\mathbf{X} = [X, Y, Z]^\top$ と，この点を，ある視点から見たときの 2 次元画像上の点 $\mathbf{x} = [x, y]^\top$ との関係を表すものである．したがって，投影を考えるためには，3 次元空間の座標系と 2 次元画像の座標系を設定する必要がある．このような座標系はどのようにとってもかまわないが，後々解析が行いやすい座標系であることが望ましい．そこで視点と画像面を基準に座標系をとることにする．

　いま，図 6.1 に示すように，視点 $\mathbf{C}$ と画像面 π があるとする．このとき，まず視点 $\mathbf{C}$ を 3 次元空間の座標原点とする．また，視点 $\mathbf{C}$ から画像面 π に対して垂直な線を引き，これを 3 次元空間の Z 軸とする．右手座標系とするために，Z 軸は画像面とは

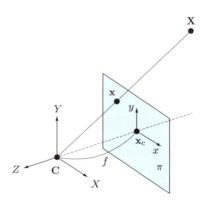

図 6.1　3 次元座標と 2 次元画像座標

反対向きを正の方向とする．Z 軸と画像面との交点 $\mathbf{x}_c$ は**画像中心**(principal point)とよばれる．2 次元画像の座標系はこの画像中心を原点として考える．このとき，視点 $\mathbf{C}$ から画像面 π までの距離 f のことを**焦点距離**(focal length)とよぶ．

つぎに，画像面の水平方向と垂直方向にそれぞれ 2 次元画像座標の x 軸と y 軸をとる．そして，2 次元座標の x 軸と平行に 3 次元座標の X 軸をとり，2 次元座標の y 軸と平行に 3 次元座標の Y 軸をとることにする．このように視点 $\mathbf{C}$ と画像面 π をもとに設定した座標系のことを**カメラ座標系**(camera coordinate system)とよぶ．以降では，このカメラ座標系をもとに，正射影と透視投影について考える．

6.2 正射影

3 次元物体を 2 次元画像に投影する場合に，図 6.2 に示すように，画像面に垂直な軸に平行に投影することを**正射影**(orthographic projection)とよぶ．図より明らかなように，正射影では 3 次元点の X 座標がそのまま画像点の x 座標となり，3 次元点の Y 座標がそのまま画像点の y 座標となる．また，Z 座標の情報は画像の x, y 座標には何も反映されない．すなわち，正射影は次式のように表すことができる

$$x = X \tag{6.1}$$
$$y = Y \tag{6.2}$$

これが，正射影における 3 次元座標と 2 次元座標との関係である．正射影では，3 次元空間中における平行な 2 直線は，画像中においても平行な 2 直線に投影される．

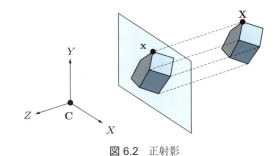

図 6.2　正射影

6.3 透視投影

図 6.3 に示すように，視点 $\mathbf{C}$ を中心に 3 次元物体を 2 次元画像に投影することを**透視投影**(perspective projection)とよぶ．

いま，3 次元空間中の点 $\mathbf{X} = [X, Y, Z]^{\top}$ が 2 次元画像上において点 $\mathbf{x} = [x, y]^{\top}$ に透視投影されているとする．このとき，図 6.3 より，x と f との比は X と Z の比に等しいことがわかる．同様に，y と f との比は Y と Z の比に等しい．したがって，x, y と X, Y, Z の関係は以下のように表すことができる．

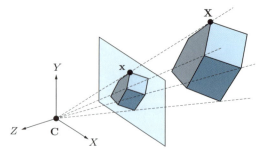

図 6.3　透視投影

$$x = f\frac{X}{Z} \tag{6.3}$$

$$y = f\frac{Y}{Z} \tag{6.4}$$

これが透視投影における 3 次元座標と 2 次元座標との関係である.

式 (6.3), (6.4) から明らかなように, 透視投影では, X, Y, Z について非線形となる. これに対して, 次節のように同次座標を用いると, 非線形の透視投影を擬似的に線形化でき, 線形代数のさまざまな性質を用いることが可能となる.

6.4　同次座標を用いた透視投影の表現

いま, 2 次元画像上の点 $\mathbf{x} = [x, y]^{\top}$ の同次座標を $\widetilde{\mathbf{x}} = [x_1, x_2, x_3]^{\top}$ とし, 3 次元空間中の点 $\mathbf{X} = [X, Y, Z]^{\top}$ の同次座標を $\widetilde{\mathbf{X}} = [X_1, X_2, X_3, X_4]^{\top}$ とする. これらの同次座標を用いれば, 式 (6.3), (6.4) の透視投影は, 以下のように擬似的に線形方程式の形で表すことができる.

$$\widetilde{\mathbf{x}} = \mathbf{P}_f \widetilde{\mathbf{X}} \tag{6.5}$$

ここで, $\mathbf{P}_f$ は以下に示す 3×4 行列である.

$$\mathbf{P}_f = \begin{bmatrix} f & 0 & 0 & 0 \\ 0 & f & 0 & 0 \\ 0 & 0 & 1 & 0 \end{bmatrix} \tag{6.6}$$

式 (6.5) が透視投影を表していることは, 式 (6.5) に対して同次座標とユークリッド座標の関係 $x = \dfrac{x_1}{x_3}$, $y = \dfrac{x_2}{x_3}$, $X = \dfrac{X_1}{X_4}$, $Y = \dfrac{X_2}{X_4}$, $Z = \dfrac{X_3}{X_4}$ を代入することで式 (6.3), (6.4) が得られることからわかる.

また, 2 次元画像点 $\mathbf{x}$ が無限遠点でない場合には, 点 $\mathbf{x}$ の同次座標として同次座標の代表 $\hat{\mathbf{x}} = [x, y, 1]^{\top}$ を用いることができるが, 同次座標の代表 $\hat{\mathbf{x}}$ を用いた場合には, 透視投影は以下のように表される.

$$\lambda\hat{\mathbf{x}} = \mathbf{P}_f \widetilde{\mathbf{X}} \tag{6.7}$$

ここで，λ は $\lambda = X_3 = X_4 Z$ なる実数である．また，式(6.7)は同値関係(〜)を用いて以下のように表すこともできる．

$$\hat{\mathbf{x}} \sim \mathbf{P}_f \widetilde{\mathbf{X}} \tag{6.8}$$

式(6.5)，(6.7)，(6.8)はいずれも透視投影を表しているが，本書では場合に応じてこれら三つの表現を使い分ける．

6.5　ワールド座標系に基づく透視投影の表現

　これまでは，カメラ座標系を基準に投影を考えてきた．しかし，視点が複数存在する場合や，視点が移動する場合には，シーン中にただ一つ設定した基準となる座標系が必要となる．このように，シーン中に設定した基準となる座標系を**ワールド座標系**(world coordinate system)とよぶ．ワールド座標系を基準に投影を考える場合には，ワールド座標系とカメラ座標系との間の座標変換を行う必要がある．

　いま，図 6.4 に示すように，ワールド座標系（XYZ 座標系）とカメラ座標系（$X_C Y_C Z_C$ 座標系）が置かれているとする．このとき，ワールド座標系で記述された点 $\mathbf{X} = [X, Y, Z]^\top$ は，5.3 節で示したように，以下の座標変換によってカメラ座標系に基づく表現 $\mathbf{X}_C = [X_C, Y_C, Z_C]^\top$ に変換できる．

$$\widetilde{\mathbf{X}}_C = \mathbf{M}_R \mathbf{M}_T \widetilde{\mathbf{X}} \tag{6.9}$$

ここで，$\mathbf{M}_R$ と $\mathbf{M}_T$ は，それぞれ回転と並進を行う行列であり，ワールド座標系におけるカメラ座標系の原点位置を $\mathbf{T}_C$，姿勢を $\mathbf{R}_C$ とすると，これらは以下のように表すことができる．

$$\mathbf{M}_R = \begin{bmatrix} \mathbf{R}_C^{-1} & \mathbf{0} \\ \mathbf{0}^\top & 1 \end{bmatrix}, \quad \mathbf{M}_T = \begin{bmatrix} \mathbf{I} & -\mathbf{T}_C \\ \mathbf{0}^\top & 1 \end{bmatrix} \tag{6.10}$$

式(6.10)において回転行列が $\mathbf{R}_C$ ではなく $\mathbf{R}_C^{-1}$ であったり，並進ベクトルが $\mathbf{T}_C$ で

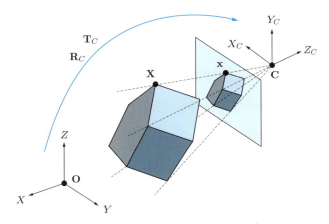

図6.4　ワールド座標系とカメラ座標系

はなく $-\mathbf{T}_C$ であるのは，式(6.9)がカメラに対する変換ではなく，物体上の点 $\mathbf{X}$ に対する変換だからである．カメラと物体との間の相対的な運動を考えるとき，物体を固定しておいてカメラにある運動をさせることと，逆にカメラを固定しておいて物体にまったく逆の運動をさせることとは等価である．したがって，カメラを $\mathbf{R}_C$ 回転した後に $\mathbf{T}_C$ 並進することは，物体 $\mathbf{X}$ を $-\mathbf{T}_C$ 並進した後に $\mathbf{R}_C^{-1}$ で回転することに等しい．式(6.9)では，このようにカメラの運動とはまったく逆の運動を物体に対して加えていることに注意が必要である．

このようにして物体の座標表現をワールド座標系からカメラ座標系へと変換できれば，後はカメラ座標系で表現された物体を式(6.5)によって透視投影すればよい．カメラ座標系で表された点を $\mathbf{X}_C$ とすると，この点の投影は次式のように表せる．

$$\tilde{\mathbf{x}} = \mathbf{P}_f \tilde{\mathbf{X}}_C \tag{6.11}$$

したがって，式(6.9)を式(6.11)に代入することで，ワールド座標系で表された点 $\mathbf{X}$ は，以下の式により画像上の点 $\mathbf{x}$ に投影されることがわかる．

$$\tilde{\mathbf{x}} = \mathbf{P}_f \mathbf{M}_R \mathbf{M}_T \tilde{\mathbf{X}} \tag{6.12}$$

式(6.12)は，整理して書けば，次式のように表すことができる．

$$\tilde{\mathbf{x}} = \mathbf{P} \tilde{\mathbf{X}} \tag{6.13}$$

ここで，$\mathbf{P}$ は以下に示す 3×4 行列である．

$$\mathbf{P} = \mathbf{P}_f \mathbf{M}_R \mathbf{M}_T \tag{6.14}$$

この行列 $\mathbf{P}$ を**カメラ行列**(camera matrix)，あるいは**投影行列**(projection matrix)とよぶ．また，式(6.13)および式(6.14)によって表されたカメラを**透視カメラ**(perspective camera)とよぶ．

透視カメラにおいてカメラの視点位置やカメラの姿勢を制御するには，カメラ行列 $\mathbf{P}$ 中の $\mathbf{T}_C$ や $\mathbf{R}_C$ を制御すればよい．

6.6　ワールド座標系に基づく正射影の表現

さて，ここまでは透視投影の一般表現について考えてきたが，正射影についても同じようにワールド座標系に基づいて表現できる．

いま，$\mathbf{P}_f$ の代わりに，次式に示す 3×4 行列 $\mathbf{P}_a$ を考える．

$$\mathbf{P}_a = \begin{bmatrix} 1 & 0 & 0 & 0 \\ 0 & 1 & 0 & 0 \\ 0 & 0 & 0 & 1 \end{bmatrix} \tag{6.15}$$

この $\mathbf{P}_a$ を用いると，カメラ座標系で表された 3 次元点 $\mathbf{X}_C$ の正射影による投影は次式によって表すことができる．

$$\tilde{\mathbf{x}} = \mathbf{P}_a \tilde{\mathbf{X}}_C \tag{6.16}$$

式(6.16)が式(6.1)と式(6.2)の正射影を表していることは，透視投影の場合と同様に，式(6.16)に対して同次座標とユークリッド座標の関係 $x = \dfrac{x_1}{x_3}$, $y = \dfrac{x_2}{x_3}$, $X = \dfrac{X_1}{X_4}$, $Y = \dfrac{X_2}{X_4}$, $Z = \dfrac{X_3}{X_4}$ を代入することで式(6.1)および式(6.2)が得られることからわかる．

式(6.16)に対して，さらにワールド座標とカメラ座標の関係の式(6.9)を代入すれば，ワールド座標系で表された3次元点 $\mathbf{X}$ の正射影による投影は，次式によって表すことができる．

$$\tilde{\mathbf{x}} = \mathbf{P}\tilde{\mathbf{X}} \tag{6.17}$$

ここで，$\mathbf{P}$ は以下に示す3×4行列である．

$$\mathbf{P} = \mathbf{P}_a\mathbf{M}_R\mathbf{M}_T \tag{6.18}$$

式(6.17)および式(6.18)によって表されたカメラを**正射影カメラ**(orthographic camera)とよぶ．

式(6.18)において，$\mathbf{P}_a$ の第3行目の要素は 0, 0, 0, 1 である．また，$\mathbf{M}_R$ も $\mathbf{M}_T$ もその第4行目の要素は 0, 0, 0, 1 である．したがって，これらを掛け合わせた行列 $\mathbf{P}$ の第3行目の要素も 0, 0, 0, 1 となる．すなわち，正射影カメラにおいては，投影行列 $\mathbf{P}$ は次式のような形をしている．

$$\mathbf{P} = \begin{bmatrix} P_{11} & P_{12} & P_{13} & P_{14} \\ P_{21} & P_{22} & P_{23} & P_{24} \\ 0 & 0 & 0 & 1 \end{bmatrix} \tag{6.19}$$

6.7 射影カメラ

式(6.13)および式(6.17)より明らかなように，同次座標を用いると，透視投影も正射影も，まったく同じ投影式 $\tilde{\mathbf{x}} = \mathbf{P}\tilde{\mathbf{X}}$ によって表すことができる．二つの投影の違いは投影行列 $\mathbf{P}$ 中において $\mathbf{P}_f$ を用いるか $\mathbf{P}_a$ を用いるかの違いだけである．

そこで，任意の3×4行列 $\mathbf{P}$ を用いた次式の投影モデルを考える．

$$\tilde{\mathbf{x}} = \mathbf{P}\tilde{\mathbf{X}} \tag{6.20}$$

投影行列 $\mathbf{P}$ は3×4でありさえすれば，その12個の要素はどのような値をとってもかまわない．

式(6.20)の投影モデルは，透視投影も正射影も表すことのできる一般化された投影モデルである．このような投影モデルで表されたカメラを**射影カメラ**(projective camera)とよぶ．射影カメラは透視カメラも正射影カメラも表せる一般化されたカメラである．

6.8　無限遠点の投影

　同次座標を用いた投影表現の大きな利点の一つは，有限な距離にある点のみならず無限に遠い位置に存在する無限遠点までも正確に投影できることである．

　図 6.5 は長く続く回廊を透視投影カメラで撮影した画像であるが，この回廊の床と壁との境界線に着目し，これを 3 次元空間中で無限に遠くまで伸ばした場合を考えてみる．このとき，この直線の画像中での投影像は画像中でも無限に遠くまで伸びていくかというとそうはならない．図から明らかなように，画像中では床と壁との境界線はある 1 点までは伸びるがその先には決して伸びることがない．この 1 点のことを**消失点**(vanishing point) とよぶ．図 6.5 に示すように，3 次元空間中において平行な直線どうしは無限遠において 1 点で交わるが，この無限遠点の投影像が消失点である．すなわち，3 次元空間中においては無限遠に存在する点であっても画像中においては有限な位置に投影される．したがって，投影においては無限遠点であってもこれを正確に画像に投影できなければならない．

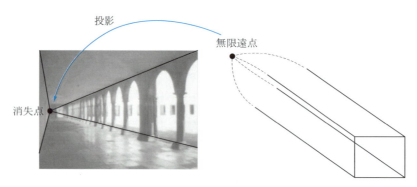

図 6.5　無限遠点と消失点

　ところが通常の XYZ 座標ではこのような無限遠点の投影を考えることはできない．無限遠点は無限に遠い位置に存在するため，通常の XYZ 座標を用いて表現すれば $\mathbf{X} = [\infty, \infty, \infty]^\top$ などと表現せざるをえないが，このような点を式(6.3)および式(6.4)に従って透視投影すると次式のようになってしまい，画像中においてどこに投影されるのかさっぱり不明である．

$$x = f\frac{\infty}{\infty} \tag{6.21}$$

$$y = f\frac{\infty}{\infty} \tag{6.22}$$

これに対して，同次座標を用いた表現では，4.1 節や 5.1 節でみたように無限遠点を有限の数値を用いて明確に表現できる．したがって，同次座標を用いた透視投影の式では，このような無限遠点の投影も有限な距離にある点とまったく同様に扱うことができる．すなわち，無限遠点 $\widetilde{\mathbf{X}}_\infty = [X_1, X_2, X_3, 0]^\top$ が消失点 $\widetilde{\mathbf{x}}_v = [x_1, x_2, x_3]^\top$ に投影されているとき，この投影は以下のように表すことができる．

$$\widetilde{\mathbf{x}}_v = \mathbf{P}\widetilde{\mathbf{X}}_\infty \tag{6.23}$$

ここで, $\mathbf{P}$ は式(6.14)で表される投影行列である. このように, 無限遠点まで正確に投影できることは, 同次座標を用いた投影表現の大きな利点の一つである.

つぎに, 投影モデルとして正射影カメラを考えてみる. 正射影カメラにおいては投影行列 $\mathbf{P}$ は式(6.19)に示すように, その第3行目が 0, 0, 0, 1 となる. このような投影行列 $\mathbf{P}$ を用いて式(6.23)により無限遠点 $\widetilde{\mathbf{X}}_\infty = [X_1, X_2, X_3, 0]^\top$ を投影すると, 投影された画像点 $\mathbf{x}_v$ の第3要素の値は必ず0となる. 2次元点の同次座標において第3要素が0となる点は, 2次元平面上の無限遠点である. すなわち, 正射影カメラにおいては, 3次元空間中の無限遠点を投影した結果は, 画像中においても無限遠点となる. 3次元空間でも2次元画像でも平行な2直線は無限遠点で交わることは以前説明したとおりである. したがって, 3次元の無限遠点を投影した結果が2次元の無限遠点となるということは, 正射影では3次元空間の平行な2直線が画像中においても平行な2直線に投影されることを表している.

第6章のポイント

1. コンピュータグラフィックスにおいて扱う座標系としては, カメラを基準に定義した**カメラ座標系**と, 扱う空間中において唯一つ定義した**ワールド座標系**とがある. 視点の位置や姿勢を制御するには, カメラ座標系とワールド座標系との間の**座標変換**を制御する. この座標変換は回転と並進, すなわちユークリッド変換によって行うことができる.

2. 3次元物体を2次元画像に投影する方法には, 画像面に垂直な軸に沿って平行に投影する**正射影**や, ある一つの視点に向けて投影する**透視投影**などがある.

3. 透視投影は非線形の投影モデルであるが, 同次座標を用いると透視投影を線形式を用いて表すことができ, 線形代数のさまざまな性質を用いることが可能となる.

4. 透視投影も正射影も, 同次座標を用いることで同一の投影式によって表すことができる. このようにして一般化されたカメラモデルを**射影カメラ**とよぶ.

5. 正射影では平行な直線どうしは投影後も平行なままであるのに対して, 透視投影では平行性が保たれず, 無限遠点が有限な位置の点に投影される. このときの無限遠点の投影像を**消失点**とよぶ.

演習問題

6.1 カメラ座標系において $\mathbf{X} = [2, 6, -4]^\top$ なる3次元点を正射影と透視投影で投影した結果をそれぞれ示せ. ただし, 透視投影の焦点距離は -2 とする.

6.2 ワールド座標系に対して Z 軸回りに $30°$ 回転し, $[5, 2, 7]^\top$ だけ並進したカメラがある. このカメラに $\mathbf{X} = [4, 2, 3]^\top$ なる点を透視投影したときの投影像 $\mathbf{x}$ を求めよ. ただし, 焦

点距離は -1 とする.

6.3 あるカメラに複数個の消失点が投影されているとする. このカメラを運動させたところ, これらの消失点の位置がいずれも変化しなかった. このようなカメラの運動はどのような運動か理由とともに述べよ.

第**7**章

隠面処理

keywords
隠面処理，可視点，不可視点，輪郭生成曲線，Ｚソート法，デプスソート法，絵描き
アルゴリズム，Ｚバッファ，光線追跡

　3次元物体を2次元画像に投影して表示するとき，単純に投影すると，図 7.1 (a)に
示すように，本来見えないはずの面が画像中において表示されてしまい，非現実的な
画像や映像になってしまう．そこで，図 7.1 (b)に示すように，見えないはずの面は
表示しないように処理を施す必要がある．このような処理を**隠面処理**(hidden surface
elimination)とよぶ．隠面処理にはさまざまな方法が考えられるが，本書では，もっ
とも基本的な四つの方法について学習する．

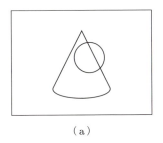 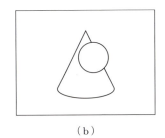

（a）　　　　　　　　　　　　　（b）

図 7.1　隠面処理

7.1　可視領域と不可視領域

　図 7.2 に示すように，複数の物体があり，これを視点 **C** に置かれたカメラに投影し
て画像を生成することを考えよう．ここで，3次元物体上において，視点 **C** から見え
る可視領域と，視点からは見えない不可視領域とを区別すると，図 7.2 のようになる．
このとき，視点からは見えない不可視領域は，大きく分けて以下の 2 通りある．
　　① 物体の裏面であることによって生じる不可視領域
　　② 他の物体で隠されることによって生じる不可視領域
　以下では，隠面処理に関する代表的な四つの方法を示すが，7.2 節の方法では，裏
面であることによって生じる不可視領域は取り除けるが，他の物体によって生じる不
可視領域は取り除けない．これに対して 7.3 節，7.4 節および 7.5 節に示す方法では，
両方の不可視領域を適切に取り除くことができる．

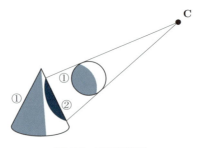

図 7.2　不可視領域

7.2　法線ベクトルによる隠面処理

　いま，図 7.3 に示すように，視点 $\mathbf{C}$ に置かれたカメラにより曲面物体を画像に投影することを考える．第 6 章で述べたように，曲面上の点 $\mathbf{X} = [X, Y, Z]^{\top}$ は以下の式により画像上の点 $\mathbf{x} = [x, y]^{\top}$ へ投影される．

$$\widetilde{\mathbf{x}} = \mathbf{P}\widetilde{\mathbf{X}} \tag{7.1}$$

ここで，$\mathbf{P}$ はカメラの投影行列である．

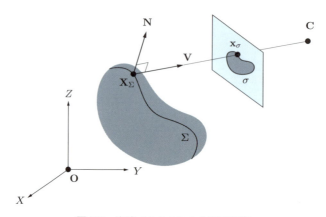

図 7.3　法線ベクトルによる隠面処理

　このような投影を曲面上の全点について行えば，画像上において，この物体の**輪郭線**(contour)が図中の σ のように観測される．このとき，画像上で得られる輪郭線 σ は，3 次元物体上の曲線 Σ の投影像である．3 次元物体上のこの曲線 Σ のことを**輪郭生成曲線**(contour generator)とよぶ．物体形状が単純である場合には，この輪郭生成曲線が，物体の可視領域と不可視領域を分ける境界線となる．すなわち，輪郭生成曲線よりも視点側の領域は可視領域であり，視点と反対側の領域は不可視領域である．したがって，物体上の輪郭生成曲線を求めることができれば隠面処理を行うことができる．そこで，以下では輪郭生成曲線の求め方について考える．

　いま，輪郭生成曲線 Σ 上の点 $\mathbf{X}_{\Sigma}$ を考えると，この点は画像中において輪郭線 σ 上の点 $\mathbf{x}_{\sigma}$ へと以下のように投影される．

$$\tilde{\mathbf{x}}_\sigma = \mathbf{P}\tilde{\mathbf{X}}_\Sigma \tag{7.2}$$

一方，原点 $\mathbf{O}$，視点 $\mathbf{C}$，3 次元物体上の点 $\mathbf{X}$ の 3 点間を結ぶ三つのベクトルの間の関係を考えてみると，物体上の点 $\mathbf{X}$ から視点 $\mathbf{C}$ へ向かう視線ベクトル $\mathbf{V}$ は，次式のように座標原点から視点へ向かうベクトル $\mathbf{C}$ と，座標原点から物体上の点へ向かうベクトル $\mathbf{X}$ によって表すことができる．

$$\mathbf{V} = \frac{\mathbf{C} - \mathbf{X}}{\|\mathbf{C} - \mathbf{X}\|} \tag{7.3}$$

ここで，点 $\mathbf{X}$ におけるこの物体の法線 $\mathbf{N}$ を考える．もし，点 $\mathbf{X}$ が輪郭生成曲線上の点 $\mathbf{X}_\Sigma$ であったとすると，図 7.3 に示すとおり，この点における視線ベクトル $\mathbf{V}$ と法線 $\mathbf{N}$ とは直交する．なぜなら，視点 $\mathbf{C}$ を通り，点 $\mathbf{X}_\Sigma$ でこの物体に接する接平面 Γ を考えれば，視線ベクトル $\mathbf{V}$ はこの接平面 Γ 上に存在し，法線 $\mathbf{N}$ はこの接平面 Γ に直交しているからである．逆にいえば，視線ベクトル $\mathbf{V}$ と法線 $\mathbf{N}$ とが直交するような点の集合が，輪郭生成曲線であることがわかる．一方，輪郭生成曲線よりも視点側の点においては，その点における視線ベクトル $\mathbf{V}$ と法線 $\mathbf{N}$ とのなす角は $90°$ よりも小さくなる．また，輪郭生成曲線よりも外側の点においては，その点における視線ベクトル $\mathbf{V}$ と法線 $\mathbf{N}$ とのなす角は $90°$ よりも大きくなる．

したがって，物体上の点 $\mathbf{X}$ における法線 $\mathbf{N}$ が得られているとすると，この点 $\mathbf{X}$ が可視であるか不可視であるかの判定は，以下のように行うことができる．

$$\mathbf{N} \cdot \mathbf{V} = 0 : 輪郭生成曲線上の点 \tag{7.4}$$

$$\mathbf{N} \cdot \mathbf{V} > 0 : 可視点 \tag{7.5}$$

$$\mathbf{N} \cdot \mathbf{V} < 0 : 不可視点 \tag{7.6}$$

ここで，$(\cdot)$ はベクトルの内積を表す．このようにして，物体上の各点 $\mathbf{X}$ を画像に投影する際に，可視・不可視の判定を行い，可視の点のみを画像に投影することにより，不可視の点を表示しないようにできる．このような可視不可視の判定は，物体が多面体である場合には一点一点行う必要はなく，それぞれの面ごとに法線を求めて判定を行えばよい．

7.2.1 法線の計算法

ここで，多面体の場合と曲面体の場合のそれぞれにおいて，法線を求める方法を述べておく．物体が図 7.4 に示すように多面体である場合には，それぞれの面を構成する N 個の頂点 $\mathbf{X}_1, \mathbf{X}_2, \ldots, \mathbf{X}_N$ より，その面の法線を求めることができる．たとえば，ある面が三つの頂点 $\mathbf{X}_1, \mathbf{X}_2, \mathbf{X}_3$ で構成されている場合には，この面の法線 $\mathbf{N}$ は以下の式により求めることができる．

$$\mathbf{N} = \frac{\mathbf{V}_1 \times \mathbf{V}_2}{\|\mathbf{V}_1 \times \mathbf{V}_2\|} \tag{7.7}$$

$$\mathbf{V}_1 = \mathbf{X}_2 - \mathbf{X}_1 \tag{7.8}$$

$$\mathbf{V}_2 = \mathbf{X}_3 - \mathbf{X}_1 \tag{7.9}$$

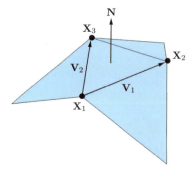

図 7.4　多面体における法線計算

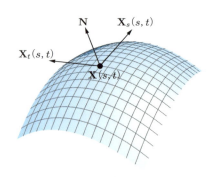

図 7.5　曲面体における法線計算

ここで，（×）はベクトルの外積を表す．

　一方，物体が図 7.5 に示すような曲面体である場合には，この曲面の数式表現をもとに，曲面上の各点における法線を求めることができる．いま，曲面が第 3 章で述べたようにパラメトリック表現されているとする．すると，この曲面上の点 $\mathbf{X}(s,t)$ は二つのパラメータ s，t を用いて式(3.21)や式(3.29)のように表される．

　ここで，$\mathbf{X}(s,t)$ をパラメータ s とパラメータ t のそれぞれについて 1 階微分すると，この点 $\mathbf{X}(s,t)$ におけるパラメータ s に沿った接ベクトル $\mathbf{X}_s(s,t)$ とパラメータ t に沿った接ベクトル $\mathbf{X}_t(s,t)$ がそれぞれ次式のように得られる．

$$\mathbf{X}_s(s,t) = \frac{\partial \mathbf{X}(s,t)}{\partial s} \tag{7.10}$$

$$\mathbf{X}_t(s,t) = \frac{\partial \mathbf{X}(s,t)}{\partial t} \tag{7.11}$$

このようにして得られた二つの接ベクトルの外積をとることにより，曲面上の点 $\mathbf{X}(s,t)$ における法線 $\mathbf{N}(s,t)$ が以下のように得られる．

$$\mathbf{N}(s,t) = \frac{\mathbf{X}_s(s,t) \times \mathbf{X}_t(s,t)}{\|\mathbf{X}_s(s,t) \times \mathbf{X}_t(s,t)\|} \tag{7.12}$$

7.3　Z ソートによる隠面処理

　法線ベクトルによる隠面処理は，簡単な判別式により行うことができるが，物体形状が複雑であったり，複数の物体が重なり合って見えている場合などにおいては正しく隠面処理できない．これに対して，本節で述べる Z ソートに基づく方法は，単純な方法であり，かつ複数の物体が重なり合っている場合においても正しく隠面処理が行える方法である．ただし，後で述べるように，複数の物体どうしの前後関係が複雑に絡み合っている場合には，ポリゴンを分割するなど複雑な処理を追加する必要がある．

　視点から見て手前に存在する物体が奥に存在する物体を隠すように画像中で表示させるには，視点から遠い物体から順番に画像に描いていけばよい．この単純明快な考え方に基づいて隠面処理を行う方法を **Z ソート法**(Z sort algorithm)または**デプスソート法**(depth sort algorithm)とよぶ．この方法は，画家が絵を描くときに，遠く

の物を描いた後でその上に近くの物を重ねて描く技法と同じであることから，**絵描きアルゴリズム**（painter's algorithm）ともよばれる.

　Ｚソート法では，まず最初にすべてのポリゴンを視点から見たときのＺ座標（depth）に基づいてソートする．このとき，各ポリゴンのＺ座標としては，それぞれのポリゴンの重心のＺ座標などを用いる．つぎに，Ｚ座標の大きい順（視点から遠い順）にポリゴンを画像に投影していく.

　しかし，このような単純なＺソート法では，図7.6 (a)に示すように，複数のポリゴン間で視点から見た前後関係が部分的に入れ替わっている場合には，図7.6 (b)に示すように隠面処理が正しく行えない．そこでこのような場合には，前後関係の曖昧さが生じないようにポリゴンを分割する処理をソーティングの前に行う．しかし，前後関係の曖昧さが生じているかどうかのチェックや，曖昧さが生じた場合のポリゴン分割には複雑な処理を必要とすることから，ポリゴンが複雑に重なり合っている場合には，Ｚソートはあまり有効な方法ではない.

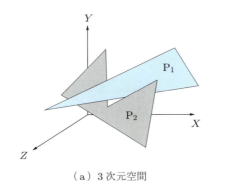
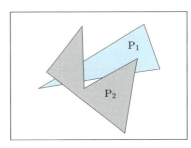

（a）3次元空間　　　　　　　　　　　（b）Ｚソートによる隠面処理結果

図7.6　前後関係が部分的に入れ替わっているポリゴン

7.4　Ｚバッファによる隠面処理

　法線ベクトルによる隠面処理やＺソートに基づく隠面処理では，物体が複雑に重なり合っている場合などにおいては隠面処理が難しい．これに対して本節で述べるＺバッファによる方法は単純な処理で実現でき，かつ，どのような場合においても正しく隠面処理をすることができる優れた方法である.

　一般に，複数の物体が重なって見えている場合には，視点から遠い物体は隠されて見えず，視点にもっとも近いものが見える．Ｚバッファによる隠面処理とは，Ｚバッファとよばれる画像サイズと同じ大きさの記憶領域を使って，視点にもっとも近い点を選択して表示するというものである.

　まず，Ｚバッファについて説明する．いま，3次元空間中の二つの点 $\mathbf{X}_1$ と $\mathbf{X}_2$ がともに画像中の同じ点 $\mathbf{x}$ に投影されたとする．このとき，画像中で観測されるのは，これら2点のうち視点に近いほうの点である．そこで，視点からこれら2点までの距離を考えてみると，カメラ座標系においては注目する点のＺ座標が視点からその点まで

の距離に対応していることがわかる．そこで画像のサイズと同じ大きさの配列を用意
し，この配列に，各画素の視点からもっとも近い点のカメラ座標系における Z 座標の
大きさ $|Z_C|$ を登録する．このような Z 座標の大きさを登録する配列のことを **Z バッ
ファ**（Z buffer）とよぶ．

つぎに，Z バッファを用いた隠面処理の方法を説明する．はじめに，Z バッファ
$Z(i, j)$ のすべての画素の値を十分に大きな値に初期化しておく．つぎに，3 次元物体
上の各点 $\mathbf{X}$ を画像に投影する．このとき，点 $\mathbf{X}$ が画像上において (i, j) 画素に投影
されたとすると，Z バッファの (i, j) 画素の値 $Z(i, j)$ を以下の規則で更新しつつ画像
への描画の有無を決定する．

$$Z(i, j) > |Z_C| ： Z(i, j) = |Z_C| \text{ とし，画像の } (i, j) \text{ 画素に描画する}$$
$$Z(i, j) \leq |Z_C| ： Z(i, j) \text{ は更新せず，画像の } (i, j) \text{ 画素にも描画しない}$$

以上の規則により 3 次元物体上のすべての点を画像に投影すれば，物体どうしが重な
り合っていても，もっとも視点に近い物体が正しく画像に描画される．

たとえば，図 7.7 のように三角錐と球が置かれたシーンにおいて，物体上の各点を
画像に投影したとき，画素 $\mathbf{x}$ に 3 次元点 $\mathbf{X}_1$，$\mathbf{X}_2$，$\mathbf{X}_3$，$\mathbf{X}_4$ がこの順序で投影された
とする．すると，$\mathbf{X}_1$ が現れたときには Z バッファ上の画素 $\mathbf{x}$ の値は，$\mathbf{X}_1$ の Z 値に
更新され，画像上の画素 $\mathbf{x}$ には $\mathbf{X}_1$ の輝度値が描画される．つぎに，$\mathbf{X}_2$ が現れたと
きには Z バッファは更新されず，画像にも描画されない．つぎに $\mathbf{X}_3$ が現れたときに
は Z バッファの値は $\mathbf{X}_3$ の Z 値に更新され，画像上の画素 $\mathbf{x}$ には $\mathbf{X}_3$ の輝度値が描
画される．最後に $\mathbf{X}_4$ が現れたときには Z バッファは更新されず，画像も描画されな
い．この結果，最終的には，Z バッファ上の画素 $\mathbf{x}$ には $\mathbf{X}_3$ の Z 値が残り，画像上の
画素 $\mathbf{x}$ には $\mathbf{X}_3$ の輝度値が描画された状態で終了し，正しく隠面処理された画像が生
成される．

この方法では，画像の各画素ごとに隠面の判定を行うため，複雑なシーンにおいて
も確実に正しい隠面処理を行うことができる．

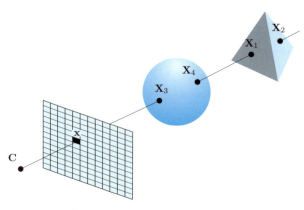

図 7.7　Z バッファによる隠面処理

7.5 光線追跡による隠面処理

つぎに，光線追跡に基づく隠面処理の方法を説明する．この方法においても，すべての不可視領域が正しく除去できる．

光線追跡による方法では，図 7.8 に示すように，画像の各画素について視点から 3 次元空間中に光線をたどっていき，この光線が最初に物体と交差した点を画像に描画するというものである．Z バッファによる方法が 3 次元空間から 2 次元画像の方向に光線をたどるのに対して，光線追跡による方法では，2 次元画像から 3 次元空間の方向に光線をたどる．画像から 3 次元空間に光線をたどったとき，最初に光線がぶつかる物体がもっとも視点に近い物体であることから，この方法で正しく隠面処理できることがわかる．

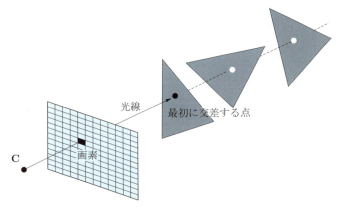

図 7.8 光線追跡による隠面処理

Z バッファによる方法では，画像の各画素が埋まるように，3 次元物体上に十分な密度で点をとる必要があるが，物体上の点の密度を適切に設定することは容易ではない．これに対して，光線追跡による方法では，画像の画素数分だけ光線を追跡すればよい．

一方で，光線追跡による方法では，光線と 3 次元物体との交点計算や交差判定を行う必要がある．物体がポリゴンで構成されている場合には，各ポリゴンと光線との交差判定を行うことになる．ポリゴンと光線との交差判定は，このポリゴンの平面方程式と光線の式より交点を求め，この交点がポリゴンの中に入っているかどうかを判定すればよい．光線と物体との交点の計算や交差判定は 13.1.1 項において詳しく述べる．

第 7 章のポイント

1. **隠面処理**は視点から不可視な領域を画像中から除去する処理である．不可視領域には，物体の裏面であることによって生じる不可視領域と，他の物体によって隠されることで生じる不可視領域とがある．

2. 隠面処理の代表的な方法として，**法線ベクトル**に基づく方法，**Z ソート**に基づく方法，**Z バッファ**に基づく方法，**光線追跡**に基づく方法などがある．法線ベクトルに基づく方法は，法線と視線との角度をもとに隠面処理を行う．Z ソートに基づく方法は，視点から遠い順にポリゴンを描いていくことにより隠面処理を行う．Z バッファに基づく方法は，画像各点の深さ情報を保存する Z バッファを用い，すでに Z バッファに登録されている点よりも視点に近い点が現れたときにのみこれを画像に描くことで隠面処理を行う．光線追跡に基づく方法は，画像各点について視点から空間に向けて光線をたどり，この光線が最初に物体と交差した点を画像に描くことで隠面処理を行う．

3. 法線ベクトルに基づく方法では物体の裏面であることによって生じる不可視領域は取り除けるが，他の物体で隠されて生じる不可視領域は取り除けない．これに対して，Z ソート，Z バッファ，光線追跡に基づく方法では両方の不可視領域を適切に除去できる．

演習問題

7.1 視線ベクトルが $\mathbf{V} = \left[\frac{2}{3}, \frac{1}{3}, -\frac{2}{3}\right]^{\top}$ であるとき，以下の法線ベクトルをもつポリゴン P_1, P_2, P_3 は表示すべきかどうかを，法線ベクトルに基づく隠面処理法によってそれぞれ調べよ．

$$P_1 : \mathbf{N}_1 = \frac{1}{5}[-4, 0, -3]^{\top}$$

$$P_2 : \mathbf{N}_2 = \frac{1}{\sqrt{6}}[1, 2, -1]^{\top}$$

$$P_3 : \mathbf{N}_3 = \frac{1}{3}[-1, 2, 2]^{\top}$$

7.2 Z バッファ法による隠面処理法について考える．3 次元点 $\mathbf{X}_1$ から 3 次元点 $\mathbf{X}_5$ までが同じ画素 $\mathbf{x}$ に対してこの順番で投影されたとする．これらの 3 次元点の Z 座標が表 7.1 に示すとおりであるとき，Z バッファの値の変化を表中に示せ．また，最終的に画素 $\mathbf{x}$ に描画される 3 次元点を示せ．なお，Z バッファの初期値は 100 であるとする．

表 7.1

投影する点	$\mathbf{X}_1$	$\mathbf{X}_2$	$\mathbf{X}_3$	$\mathbf{X}_4$	$\mathbf{X}_5$
Z 座標	45	61	30	26	38
Z バッファの値					

7.3　光線追跡による隠面処理において，以下に示す視点 $\mathbf{C}$ から視線ベクトル $\mathbf{V}$ の方向に光線を追跡する．

$$\mathbf{C} = \begin{bmatrix} 0 \\ 0 \\ 1 \end{bmatrix}, \qquad \mathbf{V} = \begin{bmatrix} 0 \\ 0 \\ -1 \end{bmatrix}$$

以下に示す三つのポリゴン P_1，P_2，P_3 とこの光線との交点をそれぞれ $\mathbf{X}_1$，$\mathbf{X}_2$，$\mathbf{X}_3$ とするとき，光線追跡による隠面処理によって画像に描かれる点は $\mathbf{X}_1$，$\mathbf{X}_2$，$\mathbf{X}_3$ のいずれかを，13.1.1 項に示す光線と物体との交点計算法を用いて求めよ．ただし，これらのポリゴンは十分に大きく，光線は必ずこれらのポリゴンと交差するものとする．また，各ポリゴンは，以下に示す法線ベクトル $\mathbf{N}_i$ と座標原点からの距離 d_i により式(13.10)の平面の式で表されているものとする．

$$P_1 : \mathbf{N}_1 = \begin{bmatrix} 0 \\ 0 \\ 1 \end{bmatrix}, \ d_1 = 5$$

$$P_2 : \mathbf{N}_2 = \begin{bmatrix} 0 \\ 0 \\ 1 \end{bmatrix}, \ d_2 = 4$$

$$P_3 : \mathbf{N}_3 = \frac{1}{\sqrt{2}} \begin{bmatrix} 0 \\ 1 \\ 1 \end{bmatrix}, \ d_1 = 3$$

第8章

色の表現

keywords
分光分布，分光感度特性，分光反射特性，光源色，物体色，3原色，加算混色，減算混色，
RGB表色系，CMY表色系，XYZ表色系，HSV表色系，YIQ表色系

　私たち人間は赤い車を見ると，その車自身が赤色という性質をもっているかのように感じる．しかし，色は物の大きさや形のようにその物自身がもっている性質ではなく，人間が感覚器官を通して光を知覚することで定義される感覚的な性質である．したがって，色を物理的に扱うことは，私たちが普段感じているよりはるかに難しい．本章では，色がもつ特有の性質や色の表現方法などを学習する．

8.1 色とは

　光はさまざまな波長の電磁波からなり，それぞれの波長成分がどれくらいの量含まれているかによって人間が知覚したときの色の違いが生じる．一般に，人間が知覚できる波長は 360 nm～830 nm 程度であり，この範囲の光を**可視光**（visible light）とよぶ．一つの光においてそれぞれの波長成分がどれだけの量含まれるかを波長 λ の関数 $E(\lambda)$ として表したものを，その光の**分光分布**（spectrum）とよぶ．図 8.1 は昼間の屋外光の分光分布の例であるが，可視光域の全体にわたってさまざまな波長成分を含んでいることがわかる．このように，一つの光は一般に多くの波長を含んでいるが，一つの波長しかもたない光も存在する．このような単一波長の光が人間の視覚に入射

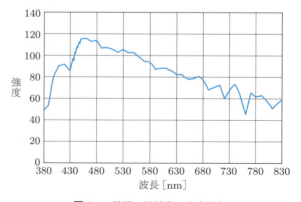

図 8.1　昼間の屋外光の分光分布

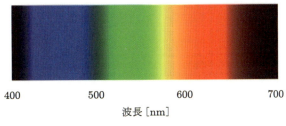

400　　　　500　　　　600　　　　700

波長 [nm]

図 8.2　光の波長と色

したときに人間が赤と感じる波長を赤の波長とし，緑と感じる波長を緑の波長とする．このようにしてそれぞれの波長に色を対応させたものを図 8.2 に示す．図 8.2 に示すように，青色や紫色は波長が短く赤色は波長が長い．この可視光域よりも波長が短い光は**紫外線**(ultraviolet ray)とよばれ，逆に可視光域よりも波長が長い光は**赤外線**(infrared ray)とよばれる．可視光の全域にわたって均一な分光分布をもつ光を**白色光**(white light)とよぶ．図 8.1 より，昼間の屋外光は可視光全域にわたってほぼ均等に分布しており，白色光に近いが完全な白色光ではないことがわかる．

　一方，光を受ける人間の眼の網膜には，**桿体**(rod)とよばれる明るさを知覚するための細胞と，**錐体**(cone)とよばれる色を識別するための細胞とがある．錐体には L 錐体，M 錐体，S 錐体の三つの種類があり，それぞれが異なる波長に対して強い感度をもっている．それぞれの錐体がもつ波長ごとの感度特性を，その錐体の**分光感度特性**(spectral sensitivity)とよぶ．図 8.3 に示すように，L 錐体は 564 nm 近辺の波長を中心とした感度をもっており，M 錐体は 534 nm，S 錐体は 420 nm あたりを中心とした感度特性をもっている．このような L，M，S のそれぞれの錐体の波長 λ に対する分光感度特性を $R_L(\lambda)$，$R_M(\lambda)$，$R_S(\lambda)$ とする．すると，分光分布が $E(\lambda)$ の光をこれらの三つの錐体が受光したときに，各錐体から出力される信号は以下のように表すことができる．

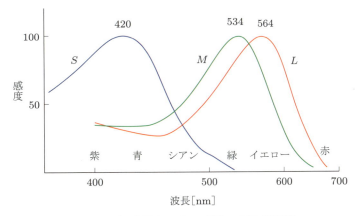

図 8.3　人間の網膜上の三つの錐体の分光感度特性

$$L = \int_{360}^{830} E(\lambda) R_L(\lambda)\, d\lambda \tag{8.1}$$

$$M = \int_{360}^{830} E(\lambda) R_M(\lambda)\, d\lambda \tag{8.2}$$

$$S = \int_{360}^{830} E(\lambda) R_S(\lambda)\, d\lambda \tag{8.3}$$

人間の視覚系では，これら三つの信号 L，M，S の比率によって色を知覚する．

　図 8.3 からわかるように，赤い波長の光が人間の目に入射すると，L，M，S の三つの錐体からの出力信号の割合はほぼ 1 : 0 : 0 となる．逆にいえば，三つの錐体からの出力信号が 1 : 0 : 0 となるような光が入射されると，人間はこの光を赤と感じる．このように，人間は光の分光分布をすべて観測して色を知覚しているのではなく，3種類の錐体からの三つの信号 L，M，S のみに基づいて色を知覚している．したがって，これら三つの錐体からの出力信号が等しい光であれば，異なる分光分布をもつ光であっても同じ色として知覚される．たとえば図 8.3 を見ると，イエローの波長の光を入射したときの三つの錐体の出力は，緑の波長と赤の波長の両方をもつ光を入射したときの錐体の出力とほぼ等しい．これはすなわち，緑の光と赤の光を同時に見ると，イエローが知覚されることを表している．このことから，色には以下の重要な性質があることがわかる．

　　① 同じ色を知覚したからといって同じ分光分布をもつ光を見ているとはかぎらない．
　　② ある色はいくつかの色を組み合わせて表現できる．

①は人間の知覚の曖昧性を表しており，②はディスプレイなどにおいて色を表現する際の基本原理として用いられている性質である．

8.2　光源色と物体色

　電灯のように自ら発光する光源を見たときに知覚する色を**光源色**(light source color)とよび，自ら発光しない物体を見たときに知覚する色を**物体色**(object color)とよぶ．光源色と物体色にはその性質に大きな違いがある．光源色とは，自ら発光する物体が発した光の分光分布を観測したものである．これに対して物体色とは，自ら光を発しない物体において，どこかに存在する光源からの光がこの物体表面において反射したり物体中を透過したりして観測されたものである．

　さて，光が物体上で反射するときには，すべての光が反射されるわけではない．一部の光はその物体に吸収され，吸収されなかった光が反射される．このとき反射される光の量（あるいは吸収される光の量）は波長によって異なり，この違いが物体の色の違いとして知覚される．すなわち，物体色は，物体に入射した光の分光分布と，その物体がどの波長の光をどれだけ反射するかを表す**分光反射特性**(spectral reflectance)の二つに依存する．物体に入射する光の分光分布を $E(\lambda)$ とし，物体上のある点 **X** に

おける分光反射特性を $K(\lambda)$ とすると，この点 **X** から反射される反射光の分光分布 $E'(\lambda)$ は以下のように表すことができる．

$$E'(\lambda) = K(\lambda)E(\lambda) \tag{8.4}$$

ここで，λ は波長を表す．一般に分光反射特性は物体上の各点において異なる．この違いが，物体面上の模様(テクスチャー)として知覚される．このような光の反射については，第 9 章において詳しく学ぶ．

8.3 色の 3 原色

先に述べたように，人間が知覚する色は，L，M，S の三つの錐体が受け取る信号の大きさによって決まる．したがって，色は 3 変数の関数として考えることができる．このときの三つの変数を座標軸にとれば，色とは 3 次元空間中の一つの点であると考えることもできる．3 次元空間中の点はさまざまな 3 次元座標系を用いて表すことができることから，色にはさまざまな表現法が存在する．また，色は 3 次元空間中の点であることから，それぞれの色は互いに独立な三つの色を用いて表現できる．このとき用いる独立な三つの基本の色のことを **3 原色**(three primary colors)とよぶ．

もし 3 原色を自由に合成できるのであれば，基本となる 3 原色は互いに独立でありさえすれば自由にとってよい．しかし，次節で述べるように，基本となる 3 原色の加算のみ，あるいは減算のみで色を表現する場合には，基本となる 3 原色をうまくとらないと表現できない色がたくさん生じてしまう．そこで，3 原色の加算によって色を表現する場合には赤(R)，緑(G)，青(B)を 3 原色とし，3 原色の減算によって色を表現する場合にはシアン(C)，マゼンタ(M)，イエロー(Y)を 3 原色とする．このような 3 原色による色表現では，人間が知覚可能なほとんどの色を表現できるが，どうしても表現できない色も存在する(図 8.8 参照)．また，より人間の感覚に合った表現方法のほうが便利なことも多い．そこでこれまでにさまざまな色表現の方法が考案されている．このような色の表現系を **表色系**(colorimetric system)とよぶ．

8.4 加算混色と減算混色

色は三つの基本原色を混ぜ合わせることで表現できるが，このような色の混ぜ合わせのことを **混色**(compound color)とよぶ．色の混色には，色を足し合わせることで混色する **加算混色(加法混色)**(additive color)と，色を引くことで混色する **減算混色(減法混色)**(subtractive color)とがある．

加算混色は，黒をベースに 3 原色を足していくことにより任意の色を表現する方法である．加算混色では，通常は赤(R)，緑(G)，青(B)の 3 色を 3 原色とする．たとえば，黒に対して赤色成分を加えれば赤となり，この赤に対してさらに緑を加えればイエローとなる(図 8.4 (a)参照)．コンピュータのディスプレイ画面やプロジェクタなど自ら発光するものは加算混色によって色が表現される．

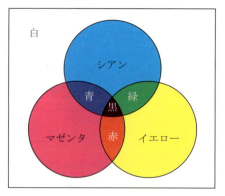

（a）加算混色　　　　　　　　　　　　　　（b）減算混色

図 8.4　加算混色と減算混色

　これに対して減算混色では，白をベースに 3 原色を引くことにより色を表現する．たとえば，白から赤を引くことでシアンとなり，白から青を引くことでイエローとなる．したがって，シアンとイエローを減算混色すると，白から赤と青を引いた緑となる（図 8.4 (b) 参照）．減算混色では，シアン (C)，マゼンタ (M)，イエロー (Y) の 3 色を 3 原色とし，これら三つを混色することでさまざまな色を発生させる．

　白色光をマゼンタのフィルタとイエローのフィルタを通して見ると赤色が観測されるが，これは減算混色の例である．プリンタのトナーなどもシアン，マゼンタ，イエローをもとに減算混色により色を表現している．

　一般に，光を発することで色を表現する場合には加算混色で表現し，光を遮る（吸収する）ことで色を表現する場合には減算混色で表現する．

8.5 RGB 表色系

　赤 (R)，緑 (G)，青 (B) の 3 原色をもとに加算混色で色を表現する表色系を **RGB 表色系**（RGB colorimetric system）とよぶ．図 8.5 に示すように，R, G, B を三つの座標軸とする 3 次元の色空間を考えると，これら 3 原色を混合してできる任意の色 $\mathbf{S} = [R, G, B]^\top$ は，この 3 次元空間における 1 点として考えることができる．このとき，ベクトル $\mathbf{S}$ の大きさは明るさを表し，ベクトル $\mathbf{S}$ の方向は色の違いを表す．したがって，明るさの情報を取り除いた純粋な色の情報は，この空間における単位球面上の点 $\mathbf{s} = [r, g, b]^\top$ によって表される．ここで，$\mathbf{s}$ と $\mathbf{S}$ は以下のような関係にある．

$$\mathbf{s} = \frac{\mathbf{S}}{\|\mathbf{S}\|}, \quad \|\mathbf{S}\| = \sqrt{\mathbf{S} \cdot \mathbf{S}} = \sqrt{R^2 + G^2 + B^2} \tag{8.5}$$

コンピュータのディスプレイやプロジェクタなどの発光系の装置では，RGB 表色系に基づいて加算混色で色表現するのが一般的である．

　RGB 表色系の標準化を行うため，国際照明委員会（Commission Internationale de l'Eclairage : CIE）は，波長 700 nm を赤 (R)，波長 546.1 nm を緑 (G)，波長 435.8 nm

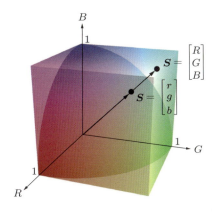

図 8.5　RGB 表色系

を青(B)と定め，これらの RGB 値と光の波長の関係を調査する実験を行い，1931 年に図 8.6 に示す**等色関数**(color matching function)とよばれる関数 $\bar{r}(\lambda)$，$\bar{g}(\lambda)$，$\bar{b}(\lambda)$ を定めた．これは，ある単一波長の光が，RGB のどのような組み合わせで表現できるかを表すものである．この等色関数により，分光分布 $E(\lambda)$ と RGB 値との関係を次式のように表すことができる．

$$R = \int_{360}^{830} E(\lambda)\bar{r}(\lambda)\, d\lambda$$

$$G = \int_{360}^{830} E(\lambda)\bar{g}(\lambda)\, d\lambda \qquad (8.6)$$

$$B = \int_{360}^{830} E(\lambda)\bar{b}(\lambda)\, d\lambda$$

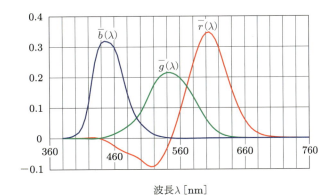

波長λ [nm]

図 8.6　rgb 等色関数

8.6 CMY 表色系

図 8.4 (b) に示すように，シアン (C)，マゼンタ (M)，イエロー (Y) の 3 原色をもと
に減算混色で色を表現する表色系を **CMY 表色系**(CMY colorimetric system) とよぶ.
RGB 表色系において R, G, B の値をもつ色は，CMY 表色系では以下の CMY 値
をとる.

$$\begin{bmatrix} C \\ M \\ Y \end{bmatrix} = \begin{bmatrix} 1 \\ 1 \\ 1 \end{bmatrix} - \begin{bmatrix} R \\ G \\ B \end{bmatrix} \tag{8.7}$$

ただし，R, G, B はそれぞれ 0 から 1 までの値をとるとする.

　プリンタのトナーによる色表現などでは，CMY 表色系に基づいて減算混色で色が
表現される.

8.7 XYZ 表色系

　RGB 表色系や CMY 表色系は，今日ではさまざまな分野で色の表現法として用い
られている. しかし，RGB 表色系や CMY 表色系では，人間が知覚できるすべての
色が表現できるわけではない. 図 8.6 の rgb 等色関数を見ると，波長 440 nm〜545
nm の範囲において $\bar{r}(\lambda)$ が負の値をとっていることがわかる. これは，RGB 表色系
や CMY 表色系で無理やりすべての色を表現しようとすると，負の輝度値が必要とな
る場合が存在することを表している. 現実には負の輝度値を生成する手段はないため，
結果的に RGB 表色系や CMY 表色系では表現できない色が存在することになる.

　そこで，人間が知覚可能なすべての色を正の輝度値のみで表現することが可能な表
色系として **XYZ 表色系**(XYZ colorimetric system) が考案された. XYZ 表色系は，
CIE によって 1931 年に定められた. XYZ 表色系では人間が知覚可能なすべての色を
正の輝度値で表現できることから，CIE では XYZ 表色系を基本表色系として位置付
けている.

　RGB 表色系から XYZ 表色系へは，以下の線形変換によって変換できる.

$$\begin{bmatrix} X \\ Y \\ Z \end{bmatrix} = \begin{bmatrix} 2.7689 & 1.7517 & 1.1302 \\ 1.0000 & 4.5907 & 0.0601 \\ 0.0000 & 0.0565 & 5.5943 \end{bmatrix} \begin{bmatrix} R \\ G \\ B \end{bmatrix} \tag{8.8}$$

XYZ 表色系から RGB 表色系への変換はこの逆変換を行えばよい.

　図 8.7 は，XYZ 表色系における等色関数 $\bar{x}(\lambda)$, $\bar{y}(\lambda)$, $\bar{z}(\lambda)$ を表す. この等色関数
を用いれば，分光分布が $E(\lambda)$ の光は，XYZ 表色系において以下のように表される.

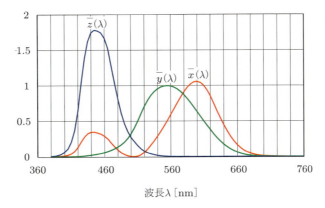

図 8.7 xyz 等色関数

$$X = \int_{360}^{830} E(\lambda)\bar{x}(\lambda)\,d\lambda$$

$$Y = \int_{360}^{830} E(\lambda)\bar{y}(\lambda)\,d\lambda \qquad (8.9)$$

$$Z = \int_{360}^{830} E(\lambda)\bar{z}(\lambda)\,d\lambda$$

図 8.7 に示すように，$\bar{x}(\lambda)$，$\bar{y}(\lambda)$，$\bar{z}(\lambda)$ は負の値をとらないことから，XYZ 表色系では正の輝度値によりすべての色が表現できることがかわる．

XYZ 表色系では Y の値は輝度値に対応するように設計されている．一方，色は輝度値と色度よりなることから，色度を直接表現した **xyY 表色系**(xyY colorimetric system)も考案された．xyY 表色系では，Y の値は輝度値に対応し，x と y の値は色度を表している．XYZ 表色系から xyY 表色系へは以下の式で変換できる．

$$x = \frac{X}{X + Y + Z} \qquad (8.10)$$

$$y = \frac{Y}{X + Y + Z} \qquad (8.11)$$

ここで，xyY 表色系の Y 値は XYZ 表色系の Y 値と等しい．

図 8.8 は，人間が知覚可能なすべての色を xyY 表色系で表現したものである(ただし，xy 平面のみが示されている)．この色度図における最外周の色は単一の波長の光の色に対応しており，最外周にふられた数値はその波長を表している．この色度図において RGB 表色系によって表現可能な色の範囲は，R，G，B の 3 点で囲まれた三角形の内部のみである．この図より，RGB 表色系で表現可能な色の範囲は限定的であり，人間が知覚可能な全色空間を網羅していないことがわかる．

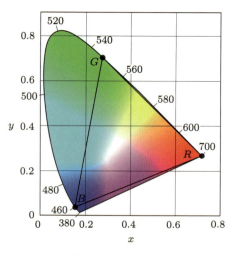

図 8.8　xyY 表色系

8.8 HSV 表色系

　RGB 表色系や CMY 表色系が色の物理的な性質に基づいて定義されているのに対して，人間の知覚特性に基づいた色表現法も考えられている．本節で述べる **HSV 表色系**(HSV colorimetric system)はその一つである．人間の色覚では，R，G，B の 3 軸を基準とするよりも，明度(明るさ)，色相(色の違い)，彩度(鮮やかさ)の三つの軸を基準としたほうが感覚的に理解しやすい．そこで，HSV 表色系では色相(Hue) H，彩度(Saturation) S，明度(Value) V の三つにより色を表現する．

　図 8.9 に示すように，HSV 表色系では色相 H を 0 度から 360 度までの円周上に配置し，円の中心からの距離を彩度 S とする．また円が乗る面と直交する軸上に明度 V をとる．RGB 表色系から HSV 表色系への変換は以下の式によって行うことができる．

$$H = \begin{cases} \dfrac{60(G-B)}{MAX-MIN} & : MAX = R \text{ の場合} \\[2mm] \dfrac{60(B-R)}{MAX-MIN} + 120 & : MAX = G \text{ の場合} \\[2mm] \dfrac{60(R-G)}{MAX-MIN} + 240 & : MAX = B \text{ の場合} \end{cases} \tag{8.12}$$

$$S = \frac{MAX - MIN}{MAX} \tag{8.13}$$

$$V = MAX \tag{8.14}$$

ただし，MAX は R，G，B のうちの最大値を表し，MIN は R，G，B のうちの最小値を表す．

　色相 H は 0 度から 360 度までの値をとり，赤(R)は 0 度，緑(G)は 120 度，青(B)

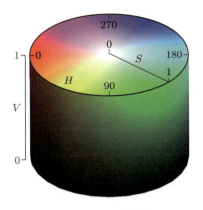

図 8.9 HSV 表色系

は 240 度となる。また，補色どうしは互いに 180 度異なる位置に配置される。したがって，イエロー (Y) は 60 度，シアン (C) は 180 度，マゼンタ (M) は 300 度である。彩度 S と明度 V はそれぞれ 0 から 1 までの値をとり，彩度や明度が高いほどそれぞれ大きな値をとる。

8.9 L*a*b* 表色系

人間が知覚する色の違いの大きさが，空間中における距離の大きさとなるように考えられた色空間を**均等色空間** (uniform color space) とよぶ。均等色空間は人間の知覚における差異をもとに経験的に定められたものであり，これまでにいくつかの均等色空間が考案されている。**L*a*b* 色空間** (L*a*b* color space) は，そのような均等色空間の一つであり，XYZ 色空間をもとに 1976 年に CIE によって定められた。また，この均等色空間に基づく表色系を **L*a*b* 表色系** (L*a*b* colorimetric system) とよぶ。

XYZ 色空間から L*a*b* 色空間への変換は，次式によって表すことができる。

$$L^* = 116 \left(\frac{Y}{Y_n} \right)^{\frac{1}{3}} - 16 \tag{8.15}$$

$$a^* = 500 \left(\left(\frac{X}{X_n} \right)^{\frac{1}{3}} - \left(\frac{Y}{Y_n} \right)^{\frac{1}{3}} \right) \tag{8.16}$$

$$b^* = 200 \left(\left(\frac{Y}{Y_n} \right)^{\frac{1}{3}} - \left(\frac{Z}{Z_n} \right)^{\frac{1}{3}} \right) \tag{8.17}$$

ここで，X, Y, Z は XYZ 表色系における 3 刺激値であり，X_n, Y_n, Z_n は基準となる白色の 3 刺激値である。L^* は**明度指数** (lightness) とよばれ，また a^*, b^* は**クロマティクネス指数** (chromaticness) とよばれる。

L*a*b* 色空間は図 8.10 のような空間である。この空間において，次式に示す任意の二つの色の間の距離は**色差** (color difference) とよばれ，これら二つの色を人間が知覚する際に感じる違いの大きさを表している。

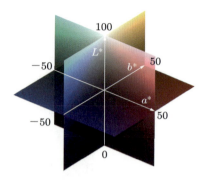

図 8.10　L*a*b*表色系

$$\sqrt{(L_1^* - L_2^*)^2 + (a_1^* - a_2^*)^2 + (b_1^* - b_2^*)^2} \tag{8.18}$$

ここで，$[L_1^*, a_1^*, b_1^*]^\top$ と $[L_2^*, a_2^*, b_2^*]^\top$ は二つの色の $L^*a^*b^*$ 値である．

8.10　L*u*v* 表色系

L*u*v* 色空間（L*u*v* color space）も，L*a*b*色空間と同じく，1976 年に CIE によって定められた均等色空間の一つである．この均等色空間を用いた表色系を **L*u*v* 表色系**（L*u*v* colorimetric system）とよぶ．

$$L^* = 116 \left(\frac{Y}{Y_n} \right)^{\frac{1}{3}} - 16 \tag{8.19}$$

$$u^* = 13L^*(u' - u_n') \tag{8.20}$$

$$v^* = 13L^*(v' - v_n') \tag{8.21}$$

ここで，u'，v' は XYZ 色空間より以下の式で求められる色度である．

$$u' = \frac{4X}{X + 15Y + 3Z} \tag{8.22}$$

$$v' = \frac{9Y}{X + 15Y + 3Z} \tag{8.23}$$

また，Y_n，u_n'，v_n' は基準となる白色の Y，u'，v' の値である．

8.11　YIQ 表色系

カラーテレビにおいて映像信号の伝送効率や白黒テレビとの互換性などを考えて定められた表色系として **YIQ 表色系**（YIQ colorimetric system）がある．YIQ 表色系では，輝度値 Y と，色度 I，Q の三つの値により色を表現する．

RGB 表色系から YIQ 表色系へは，以下の線形変換によって変換できる．

$$\begin{bmatrix} Y \\ I \\ Q \end{bmatrix} = \begin{bmatrix} 0.299 & 0.587 & 0.114 \\ 0.596 & -0.275 & -0.321 \\ 0.212 & -0.523 & 0.311 \end{bmatrix} \begin{bmatrix} R \\ G \\ B \end{bmatrix} \tag{8.24}$$

　以上のように，色にはさまざまな表現方法がある．このため，色を表現するうえでは，それぞれの目的に応じて適切な表現方法を使い分けることが重要である．

第8章のポイント

1.　人間が知覚する物体の色は，物体のみによって決まるものではなく，光源の**分光分布**と物体がもつ**分光反射特性**と人間の**分光感度特性**に依存する．
2.　任意の色は**基本3原色**を混色することで表すことができる．色を混合するには，色を足し合わせることで混色する**加算混色**と，色を引くことで混色する**減算混色**の2通りの方法がある．一般に，加算混色では赤(R)，緑(G)，青(B)の3色が3原色として用いられ，減算混色ではシアン(C)，マゼンタ(M)，イエロー(Y)の3色が3原色として用いられる．
3.　赤(R)，緑(G)，青(B)の3原色を用いて色を表現する表色系を **RGB 表色系**とよぶ．シアン(C)，マゼンタ(M)，イエロー(Y)の3原色を基に表現する表色系を **CMY 表色系**とよぶ．また，人間の感覚に合わせて明度(V)，色相(H)，彩度(S)の3変数を用いて表現する表色系を **HSV 表色系**とよび，テレビなどの映像機器における効率を考えて輝度値(Y)と色(I, Q)を分離して表現する表色系を **YIQ 表色系**とよぶ．

演習問題

8.1　シアン，マゼンタ，イエローを3原色とし，減算混色によって赤を表現したい．これらの3原色をどのように減算混色すればよいか述べよ．

8.2　発光の調子がわるい RGB プロジェクタがある．このプロジェクタからマゼンタを投影しようとしたところ，スクリーン上には青色が投影された．そこで今度はシアンを投影したところ，スクリーン上には正しくシアンが投影された．このプロジェクタからイエローを投影したときにスクリーン上に現れる色を述べよ．ただし，この RGB プロジェクタは，赤，青，緑の3色の発光により画像を表示するものとする．

8.3　RGB 表色系において [0, 1, 0] の色を xyY 表色系を用いて表せ．

8.4　CMY 表色系において [0.9, 0.2, 0.5] の色を RGB 表色系を用いて表せ．

8.5　RGB 表色系において [0.4, 1, 0.2] の色を HSV 表色系を用いて表せ．

第9章

反射モデル

keywords

陰影，影，シェーディング，直接光，間接光，環境光，鏡面反射，拡散反射，光源色，物体色，完全鏡面反射面，完全拡散反射面，ランバートモデル，フォンモデル

　これまでは，3次元物体を生成し投影する方法について学んだが，3次元物体を幾何学的に正しく投影しても，見た目の立体らしさという点では不十分である．これは，立体らしさを伝える重要な情報である**陰影**(shade) が欠落しているからである．人間の目では，たとえ単一の画像であっても3次元物体のおおよその形状を把握できるが，これには陰影情報が大きな役割を果たしている．たとえば，図9.1の写真では鼻の周辺の凹凸の様子がよく知覚できるが，これは鼻の凹凸に応じて陰影がついており，この陰影情報が鼻の3次元的な起伏の様子を伝えてくれるからである．

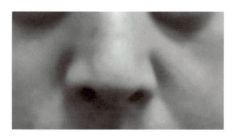

図 9.1　陰影情報

　言葉として陰影とよく似たものに**影**(shade)があるが，陰影と影とはまったく異なる．陰影が物体の法線方向と光源方向との角度の差に基づいて発生するのに対して，影は物体と光源との間に他の物体が存在して光が遮られることにより発生する．本章と次章では，このうちの陰影について考え，影については第11章で詳しく学ぶ．

　陰影を付けることを**シェーディング**(shading)とよぶ．シェーディングの方法を正しく理解するためには，まず光の**反射**(reflection)の原理を理解する必要がある．そこで本章では光の反射について学習し，第10章においてシェーディングの方法について学ぶ．

9.1　直接光と間接光

　図9.2に示すように，物体に届く光には，光源から直接届く**直接光**(direct light)と，光源の光が他の物体に反射してから届く**間接光**(indirect light)とがある．したがっ

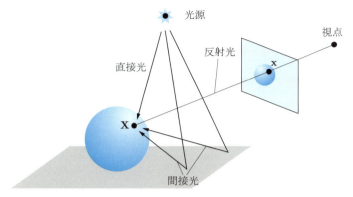

図 9.2 直接光と間接光

て，物体表面での反射には直接光の反射と間接光の反射とが存在する．室内に 1 個の光源が存在する場合を考えると，この室内のある点 **X** に届く直接光は 1 本しかないが，間接光については室内の壁，床，天井などありとあらゆる所から無数の間接光がこの点 **X** に届く．したがって，点 **X** に届く間接光を正確に把握することは容易ではない．このようなことから，あまり高い精度のグラフィックスを必要としない場合には，直接光については厳密にモデル化し，間接光についてはすべての方向から等しい強さで光があたるという大雑把な近似を用いる．このような全方向からの等しい強さの間接光を**環境光**(ambient light)とよぶ．

　一方，今日では間接光をより正確にモデル化して描画することも可能になりつつある．このような間接光の正確なモデル化については，第 13 章および第 14 章で詳しく述べる．

9.2 鏡面反射と拡散反射

　物体表面における光の反射には鏡面反射と拡散反射とがある．**鏡面反射**(specular reflection)は鏡などのよく磨かれた面で発生する光の反射であり，図 9.3 (a)に示すように，入射した光が，入射角と反射角が等しいという反射の原理に基づいて，ある特定の方向にのみ反射されるものである．したがって，鏡面反射した光(鏡面反射光)は，反射角の方向から見れば観測できるが，それ以外の方向から見ても見えない．また，鏡面反射光の色は光源の色すなわち光源色に等しいが，これは鏡で反射して映った物体が元の物体と同じ色をもっていることを考えればよくわかる．

　一方，**拡散反射**(diffuse reflection)は，入射した光が物体内部に一度しみ込み，物体内部で反射を繰り返しているうちに一部の波長の光が吸収され，吸収されずに残った光が再び物体表面から飛び出して観測される反射である．このとき，物体に吸収されずに残った光の色が，その物体の色として私たち人間が知覚する色である．たとえば，青く見える物体は，入射した光のうちの青以外の色が吸収され，青い光のみが再び物体表面から飛び出てくるため青く見える．したがって，拡散反射光の光の色は，

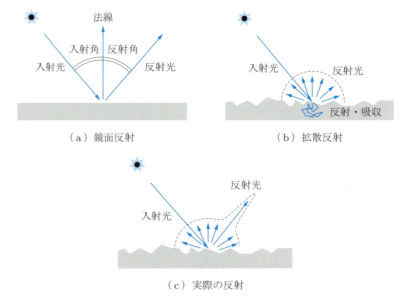

（a）鏡面反射　　　（b）拡散反射

（c）実際の反射

図 9.3　鏡面反射と拡散反射

物体の色すなわち物体色である．また，拡散反射では，入射した光は一度物体内部に入り込み反射を繰り返してから飛び出してくるため，最終的に物体から飛び出してくる光の方向は予測できない．すなわち確率的には，すべての方向に等しい確率で飛び出すと考えられる．したがって，図 9.3（b）に示すように，拡散反射光はすべての方向に等しい強さで放射される．これは，拡散反射光はどの方向から見ても同じ強さに見えるということを表している．

　実際の物体では，鏡面反射のみ行って拡散反射を一切行わなかったり，拡散反射のみ行って鏡面反射を一切行わないというものは稀であり，図 9.3（c）に示すように，通常は鏡面反射成分と拡散反射成分の両方をもち，これらを合成した反射光となる．このとき，二つの反射成分の割合がそれぞれの物体で異なるため，鏡面反射成分が多い物体の場合にはつやつやしたよく磨かれた質感となり，拡散反射成分が多い物体の場合にはざらついた質感となる．したがって，これらの二つの成分の割合を適切に調節することは，物体の質感を正しく伝えるうえで重要である．

　また，鏡面反射成分しかもたない面を**完全鏡面反射面**（perfect specular surface）とよび，逆に拡散反射成分しかもたない面を**完全拡散反射面**（perfect diffuse surface）とよぶ．完全拡散反射面は**ランバート面**（Lambertian surface）ともよばれる．以降では，拡散反射と鏡面反射について詳しく学ぶ．

9.2.1　拡散反射

　図 9.4 に示すように，物体表面上の点 $\mathbf{X}$ における拡散反射について考える．この面の単位法線ベクトルを $\mathbf{N}$ とし，$\mathbf{N}$ に対して θ の角度から入射光が当たっているとする．このとき，点 $\mathbf{X}$ から光源方向に向かう単位ベクトルを $\mathbf{L}$ とすると，入射角 θ は次式のように表すことができる．

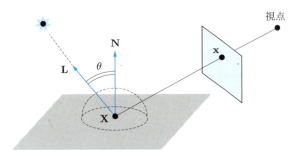

図 9.4 拡散反射

$$\cos\theta = \mathbf{L} \cdot \mathbf{N} \tag{9.1}$$

先に述べたとおり，拡散反射は半球状にすべての方向に均一に反射する．したがって，どの方向からこの点 $\mathbf{X}$ を眺めても同じ明るさで観測される．すなわち，拡散反射光の輝度は観測する視点には依存しない．一方，拡散反射光の輝度は，入射光と面の法線とがなす入射角 θ には依存する．このことについてもう少し詳しく考えることにする．

いま，図 9.5 に示すように，断面の面積が 1 であり，強さが E_L であるような入射光を考える．この入射光が図 9.5 (a)に示すように，この面に対して垂直に当たっているとすると，単位面積あたりの入射光量 I_L は $I_L = E_L$ となる．

つぎに，先と同じ入射光が図 9.5 (b)に示すように，入射角 θ で当たっている場合を考える．この場合には，先と同じ光量の光が $\dfrac{1}{\cos\theta}$ の面積を照らすことになるため，単位面積あたりの入射光量は $I_L = \dfrac{E_L}{\dfrac{1}{\cos\theta}} = E_L \cos\theta = E_L(\mathbf{L} \cdot \mathbf{N})$ となる．反射光量は入射光量に比例するため，拡散反射光の輝度 I は以下のように表すことができる．

$$I = (\mathbf{L} \cdot \mathbf{N})K_d E_L \tag{9.2}$$

ここで，K_d は入射光をどれだけよく拡散反射するかを表す反射係数であり，**拡散反射係数**(diffuse reflectance)とよばれる．また E_L は先に述べたとおり入射光の強さである．

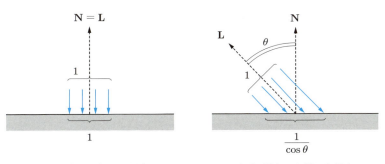

（a）垂直に入射した場合 　　　　（b）斜めに入射した場合

図 9.5 入射角と入射光量

　以上は単一色の場合について考えたが，カラーの場合には式(9.2)を RGB 各色について考えればよい．入射光の RGB 各色における強さを E_{sR}，E_{sG}，E_{sB} とし，RGB 各色における拡散反射係数を K_{dR}，K_{dG}，K_{dB} とすると，拡散反射光の輝度の RGB 成分 I_R，I_G，I_B は以下のように表すことができる．

$$I_R = (\mathbf{L} \cdot \mathbf{N})K_{dR}E_{LR}$$
$$I_G = (\mathbf{L} \cdot \mathbf{N})K_{dG}E_{LG} \tag{9.3}$$
$$I_B = (\mathbf{L} \cdot \mathbf{N})K_{dB}E_{LB}$$

式(9.3)は，RGB 各色の拡散反射係数を対角要素とする対角行列 $\mathbf{K}_d$ を用いることで，次式のようにベクトルの式として表すことができる．

$$\mathbf{I} = (\mathbf{L} \cdot \mathbf{N})\mathbf{K}_d\mathbf{E}_L \tag{9.4}$$

ここで，ベクトル $\mathbf{I}$，ベクトル $\mathbf{E}_L$，行列 $\mathbf{K}_d$ はそれぞれ以下に示すとおりである．

$$\mathbf{I} = \begin{bmatrix} I_R \\ I_G \\ I_B \end{bmatrix}, \quad \mathbf{E}_L = \begin{bmatrix} E_{LR} \\ E_{LG} \\ E_{LB} \end{bmatrix}, \quad \mathbf{K}_d = \begin{bmatrix} K_{dR} & 0 & 0 \\ 0 & K_{dG} & 0 \\ 0 & 0 & K_{dB} \end{bmatrix} \tag{9.5}$$

このとき，式(9.4)の $\mathbf{K}_d\mathbf{E}_L$ は光源から受けた光を物体が拡散反射することで現れる色であることから，これは物体色である．以上より，拡散反射では，反射により観測される色は物体色であることがわかる．

9.2.2　鏡面反射

　つぎに，図9.6に示すように，物体表面上の点 $\mathbf{X}$ における鏡面反射について考える．先と同様に，点 $\mathbf{X}$ における面の単位法線ベクトルを $\mathbf{N}$ とし，光源方向の単位ベクトルを $\mathbf{L}$ とする．この入射光が点 $\mathbf{X}$ で鏡面反射したときの反射光の方向を表す単位ベクトルを $\mathbf{R}$ とする．すると，入射角 θ と反射角は等しいことから以下の式が成り立つ．

$$\cos\theta = \mathbf{L} \cdot \mathbf{N} = \mathbf{R} \cdot \mathbf{N} \tag{9.6}$$

このとき，$\mathbf{L} + \mathbf{R} = 2(\mathbf{L} \cdot \mathbf{N})\mathbf{N}$ であることから，ベクトル $\mathbf{R}$ は $\mathbf{N}$ と $\mathbf{L}$ を用いて以下のように表すことができる．

$$\mathbf{R} = 2(\mathbf{L} \cdot \mathbf{N})\mathbf{N} - \mathbf{L} \tag{9.7}$$

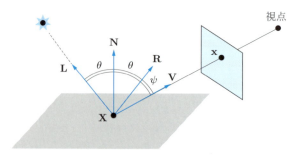

図 9.6　鏡面反射

また，図 9.6 に示すように，この反射光をある視点から観測したときに，点 $\mathbf{X}$ から視点方向に向かう視線ベクトルを $\mathbf{V}$ とすると，反射角方向 $\mathbf{R}$ と視点方向 $\mathbf{V}$ とのなす角 ψ は以下のように表すことができる．

$$\cos\psi = \mathbf{R}\cdot\mathbf{V} \tag{9.8}$$

鏡面反射は理想的には反射角方向にのみ反射する．しかし，実際の物体における鏡面反射は面の微妙な凹凸のために反射角方向を中心に多少広がる．このとき，反射角方向 $\mathbf{R}$ においてもっとも反射光量が大きくなり，反射角方向から遠ざかるにつれて反射光量が減衰する．このような鏡面反射の反射光量の分布は，通常，コサイン関数を用いて $\cos^\alpha\psi$ により表現する．図 9.7 に示すように，$\cos^\alpha\psi$ をグラフで表すと，α が大きくなるにつれて鋭いピークをもった曲線となる．したがって，α の値を調節することにより，鏡面反射の鋭さをコントロールできる．このようなコサイン関数の性質を用いれば，鏡面反射光の輝度 I は以下のように表すことができる．

$$I = K_s E_L \cos^\alpha\psi \tag{9.9}$$

ここで，K_s はどれだけよく鏡面反射するかを表す**鏡面反射係数**(specular reflectance)であり，E_L は入射光の強さである．また，鏡面反射の鋭さは物体表面の粗さに依存することから，α は**粗さ係数**(shininess)とよばれる．式(9.8)の関係を用いれば，式(9.9)は，反射方向 $\mathbf{R}$ と視点方向 $\mathbf{V}$ を用いて次式のように表すことができる．

$$I = (\mathbf{R}\cdot\mathbf{V})^\alpha K_s E_L \tag{9.10}$$

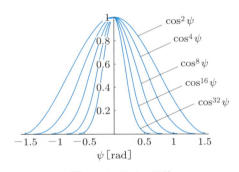

図 9.7　コサイン関数

色を考慮する場合には，式(9.10)を RGB の 3 色について考えればよい．したがって，光源からの光の RGB 各色の強さを $\mathbf{E}_L = [E_{LR}, E_{LG}, E_{LB}]^\top$ とすると，色を考慮した鏡面反射光 $\mathbf{I} = [I_R, I_G, I_B]^\top$ は以下のように表すことができる．

$$\mathbf{I} = (\mathbf{R}\cdot\mathbf{V})^\alpha K_s \mathbf{E}_L \tag{9.11}$$

先に述べたとおり，鏡面反射においては反射物体の色の性質はまったく現れない．このため，式(9.11)の鏡面反射係数 K_s はスカラーである．以上より，鏡面反射において観測される色は光源色 $\mathbf{E}_L$ であることがわかる．

式(9.11)に式(9.7)を代入すれば，鏡面反射光を以下のように $\mathbf{L}$, $\mathbf{N}$, $\mathbf{V}$ により表す

こともできる.

$$\mathbf{I} = (2(\mathbf{L} \cdot \mathbf{N})(\mathbf{N} \cdot \mathbf{V}) - (\mathbf{L} \cdot \mathbf{V}))^{\alpha} K_s \mathbf{E}_L \tag{9.12}$$

拡散反射が視点方向には依存せず,光源方向にのみに依存していたのに対して,鏡面反射は,式(9.12)に示すように,視点方向 $\mathbf{V}$ と光源方向 $\mathbf{L}$ の双方に依存することがわかる.

9.3　環境光の反射

つぎに,間接光の反射について考える.9.1 節で述べたように,複雑な間接光を大雑把に近似し,物体に対してすべての方向から等しい強さの光が当たっているとしたものを環境光とよぶ.環境光はすべての方向から等しい強さで当たっているため,その反射光はすべての方向に対して等しい強さで反射すると考えることができる.したがって,環境光の反射光の輝度 I は,以下のように光源方向や視点方向によらず一定の値となる.

$$I = K_a E_a \tag{9.13}$$

ここで,E_a は環境光の強さ,K_a は環境光反射係数である.

色を考慮する場合には,RGB 各色について式(9.13)を考えればよい.すなわち,カラーの場合の環境光の反射光 $\mathbf{I} = [I_R, I_G, I_B]^{\top}$ は以下のように表すことができる.

$$\mathbf{I} = K_a \mathbf{E}_a \tag{9.14}$$

環境光の反射では,反射光の色は物体色であるとする.したがって,環境光 $\mathbf{E}_a$ は以下のようにおく.

$$\mathbf{E}_a = \mathbf{K}_d \mathbf{E}_L \tag{9.15}$$

9.4　反射モデル

コンピュータグラフィックスでは,先に述べた反射成分を組み合わせた反射モデルを考えることで,陰影の付いた CG 画像を生成する.本節では,ランバートモデルとフォンモデルという二つの反射モデルについて学習する.

9.4.1　ランバートモデル

ランバートモデル(Lambert model)は,先に述べた反射成分のうちで,拡散反射成分と環境光反射成分のみを考慮した反射モデルである.すなち,反射光 $\mathbf{I} = [I_R, I_G, I_B]^{\top}$ は以下のように表すことができる.

$$\mathbf{I} = (\mathbf{L} \cdot \mathbf{N})\mathbf{K}_d \mathbf{E}_L + K_a \mathbf{E}_a \tag{9.16}$$

環境光が式(9.15)に示すように物体色であることを考慮すると，式(9.16)は次式のように表すことができる．

$$\mathbf{I} = ((\mathbf{L} \cdot \mathbf{N}) + K_a)\mathbf{K}_d\mathbf{E}_L \tag{9.17}$$

　式(9.17)より明らかなように，ランバートモデルでは，反射光の色は物体色 $\mathbf{K}_d\mathbf{E}_L$ である．また，反射光の強さは光源方向 $\mathbf{L}$ のみに依存し，視点方向 $\mathbf{V}$ には依存しない．

　ランバートモデルは，簡易で調節するパラメータ数も少ないため扱いやすいモデルであるが，鏡面反射が考慮されていないため，物体の質感の表現力が弱いという問題がある．

9.4.2　フォンモデル

　フォンモデル(Phong model) はランバートモデルに対して鏡面反射の項を加えたモデルであり，ランバートモデルと比べると，物体表面の滑らかさをよりよく表現することが可能である．フォンモデルでは，反射光 $\mathbf{I} = [I_R, I_G, I_B]^\top$ は以下のように表現される．

$$\mathbf{I} = (\mathbf{L} \cdot \mathbf{N})\mathbf{K}_d\mathbf{E}_L + (\mathbf{R} \cdot \mathbf{V})^\alpha K_s\mathbf{E}_L + K_a\mathbf{E}_a \tag{9.18}$$

　式(9.18)より明らかなように，フォンモデルでは反射光の強さは光源方向 $\mathbf{L}$ と視点方向 $\mathbf{V}$ の両方に依存する．また，鏡面反射成分が加わったことにより，反射光には物体色と光源色の両方が現れる．

　図9.8は同一形状の物体をランバートモデルとフォンモデルで描画した例であるが，フォンモデルでは物体の光沢が表現されているため，物体表面の滑らかさなどの質感がよりよく伝わることがわかる．

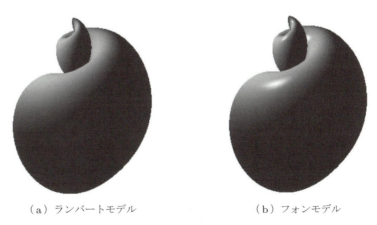

（a）ランバートモデル　　　　　　　（b）フォンモデル

図 9.8　反射モデルの違い

　図9.9に，フォンモデルにおいて K_d と K_s をさまざまに変化させた場合の表現の違いを示す．これらのパラメータを変えることによって，物体のつやつや感やざらざら感などの質感が制御可能であることがわかる．また，図9.10に鏡面反射成分の粗さ

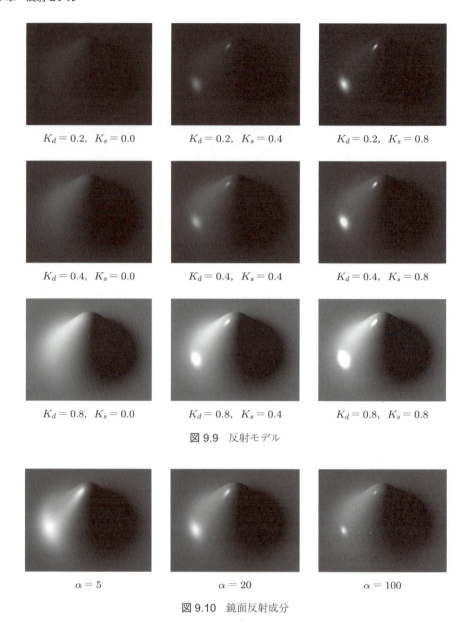

$K_d = 0.2, \ K_s = 0.0$　　$K_d = 0.2, \ K_s = 0.4$　　$K_d = 0.2, \ K_s = 0.8$

$K_d = 0.4, \ K_s = 0.0$　　$K_d = 0.4, \ K_s = 0.4$　　$K_d = 0.4, \ K_s = 0.8$

$K_d = 0.8, \ K_s = 0.0$　　$K_d = 0.8, \ K_s = 0.4$　　$K_d = 0.8, \ K_s = 0.8$

図 9.9　反射モデル

$\alpha = 5$　　　　　　$\alpha = 20$　　　　　　$\alpha = 100$

図 9.10　鏡面反射成分

係数 α を変化させた場合の表現の違いを示す．α を大きくするに従って鋭い鏡面反射となり，物体表面の鏡面度合いの違いが表現されていることがわかる．

第 9 章のポイント

1. 光源によって照らされた物体面上の明るさは，光源方向と物体の法線方向との関係によって決まる**陰影**(shade)と，光源からの光を他の物体が遮ることによって生じる**影**(shadow)によって変化する．投影像に対して陰影を付けることを**シェーディング**とよぶ．

2.　物体表面における光の反射には**鏡面反射**と**拡散反射**とがある．鏡面反射は，入射角と反射角が等しいという反射の原理に基づいて反射する．鏡面反射では光源の色がそのまま反射光の色となる．鏡面反射の強さは，光源方向と法線方向と視点方向に依存する．一方，拡散反射は，物体に当たった光が一度物体中にしみ込んでその一部が吸収され，吸収されずに残った光が物体表面から再び放射されるものである．拡散反射光はすべての方向に均一な強さをもつと考えることができる．また，拡散反射光の色は光源色ではなく物体色となる．拡散反射光の強さは光源方向と面の法線方向に依存する．

3.　モデル化が難しい間接光を簡単に扱うために，物体に対してすべての方向から等しい強さの光が当たっていると考えたものを**環境光**とよぶ．環境光はすべての方向に等しい強さで反射する．したがって，環境光の反射光は物体の法線方向や視点方向に依存しない．

4.　拡散反射と環境光反射を考慮した光の反射モデルを**ランバートモデル**とよぶ．ランバートモデルにおける反射光の色は物体色となる．ランバートモデルに対して鏡面反射成分を加えた光の反射モデルを**フォンモデル**とよぶ．フォンモデルの反射光は物体色と光源色の両方に依存する．

演習問題

9.1　鏡面反射と拡散反射の性質の違いについて述べよ．

9.2　拡散反射係数が $[K_{dR}, K_{dG}, K_{dB}]^\top = [1, 0, 0.5]^\top$ であり，鏡面反射係数が $K_s = 0$ の平面があるとし，強さが $\mathbf{E}_L = [1, 1, 1]^\top$ の光をこの面の法線に対して 60 度の角度から当てたとき，画像に描かれるこの平面の輝度 $\mathbf{I}$ を求めよ．ただし，環境光はないものとする．

9.3　拡散反射係数が $[K_{dR}, K_{dG}, K_{dB}]^\top = [0.8, 0, 0]^\top$，鏡面反射係数が $K_s = 0.2$，粗さ係数が $\alpha = 2$ の平面があるとき，この面に対して強さが $\mathbf{E}_L = [1, 0, 1]^\top$ の光を当てたところ，この面の輝度が $\mathbf{I} = [0.5, 0, 0.1]^\top$ となった．この面の法線と光源方向とのなす角 θ，および鏡面反射光と視点方向とのなす角 ψ をそれぞれ求めよ．ただし，θ, ψ ともに 0 度から 90 度の範囲で求めよ．また，環境光はないものとする．

第10章

シェーディング

keywords
コンスタントシェーディング，フラットシェーディング，グローシェーディング，
フォンシェーディング，シュブルール錯視

　本章では第9章で学習した光の反射モデルを用いてシェーディング（陰影付け）を行う方法を学ぶ．まず，数式表現された曲面物体のシェーディング方法について説明し，つぎにポリゴン表現された物体のシェーディング法について説明する．ポリゴン表現は曲面物体の近似モデルとして用いられる場合が多い．したがって，ポリゴンで表現された多面体をいかに滑らかな曲面として見せるかは，実際のグラフィックスにおいて重要な問題である．本章では，このような表現技術について学習する．

10.1　パラメトリック曲面のシェーディング

　3次元モデルがパラメトリック表現で表現されている場合について考える．第3章で学んだように，3次元空間中の曲面 Σ は二つのパラメータによって表現される．このパラメータを s, t とすると，曲面 Σ 上の点 $\mathbf{X} = [X, Y, Z]^{\top}$ は $\mathbf{X}(s,t) = [X(s,t), Y(s,t), Z(s,t)]^{\top}$ と表せる．パラメトリック曲面では，点 $\mathbf{X}$ における s に関する微分 $\mathbf{X}_s$ と t に関する微分 $\mathbf{X}_t$ を以下のように求めると，図10.1に示すように，$\mathbf{X}_s$ と $\mathbf{X}_t$ はともに点 $\mathbf{X}$ において曲面 Σ に対する接ベクトルとなる．

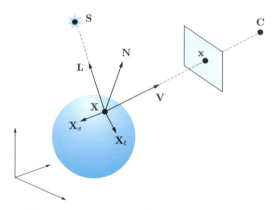

図 10.1　パラメトリック曲面のシェーディング

$$\mathbf{X}_s = \frac{\partial \mathbf{X}(s,t)}{\partial s}, \quad \mathbf{X}_t = \frac{\partial \mathbf{X}(s,t)}{\partial t} \tag{10.1}$$

これらの接ベクトルを用いることにより，点 $\mathbf{X}$ における曲面 Σ の法線 $\mathbf{N}$ が以下のように求められる．

$$\mathbf{N} = \frac{\mathbf{X}_s \times \mathbf{X}_t}{\|\mathbf{X}_s \times \mathbf{X}_t\|} \tag{10.2}$$

ここで，$(\times)$ はベクトルの外積を表す．

一方，視点ベクトル $\mathbf{V}$ および光源ベクトル $\mathbf{L}$ は，視点位置 $\mathbf{C} = [X_C, Y_C, Z_C]^\top$ および光源位置 $\mathbf{S} = [X_S, Y_S, Z_S]^\top$ より以下のように求められる．

$$\mathbf{V} = \frac{\mathbf{C} - \mathbf{X}}{\|\mathbf{C} - \mathbf{X}\|}, \quad \mathbf{L} = \frac{\mathbf{S} - \mathbf{X}}{\|\mathbf{S} - \mathbf{X}\|} \tag{10.3}$$

このようにして求めた $\mathbf{L}$，$\mathbf{N}$，$\mathbf{V}$ より，式 (9.16) のランバートモデルや式 (9.18) のフォンモデルを用いて反射光 $\mathbf{I} = [I_R, I_G, I_B]^\top$ を計算することで，点 $\mathbf{X}$ の画像上での投影点 $\mathbf{x}$ における輝度値 $\mathbf{I}$ が得られる．これを，すべての 3 次元点 $\mathbf{X}$ について行うことで，シェーディングを施した CG 画像が生成できる．

10.2 ポリゴンのシェーディング

つぎに，3 次元モデルがポリゴン表現によって表現されている場合におけるシェーディングの方法について考える．ポリゴンのシェーディングについてはいくつかの方法が考えられているが，ここでは代表的な三つの方法について述べる．

10.2.1 コンスタントシェーディング

コンスタントシェーディング (constant shading) はポリゴン間では輝度値を変化させるが，一つのポリゴンの中は同一の輝度値とするシェーディング方法である．ポリゴン内では輝度値が一定であることから**フラットシェーディング** (flat shading) ともよばれる．

いま，図 10.2 に示すように，複数のポリゴンからなる 3 次元物体を考え，このうちのあるポリゴンの輝度値を求めることを考える．簡単のため，各ポリゴンは三つの頂

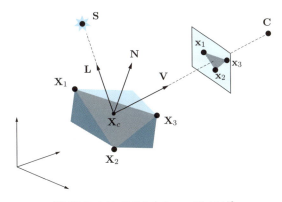

図 10.2　コンスタントシェーディング

点からなるものとする．ランバートモデルやフォンモデルでは，光源方向 $\mathbf{L}$，法線方向 $\mathbf{N}$，視点方向 $\mathbf{V}$ が求められれば反射光の輝度値が計算できた．そこで，注目しているポリゴンについて $\mathbf{L}$，$\mathbf{N}$，$\mathbf{V}$ を求めることにする．

ポリゴンの法線ベクトル $\mathbf{N}$ は，そのポリゴンを構成している三つの頂点 $\mathbf{X}_1$，$\mathbf{X}_2$，$\mathbf{X}_3$ より以下のように求めることができる．

$$\mathbf{N} = \frac{\mathbf{V}_1 \times \mathbf{V}_2}{\|\mathbf{V}_1 \times \mathbf{V}_2\|} \tag{10.4}$$

ここで，$\mathbf{V}_1$，$\mathbf{V}_2$ は以下のように三つの頂点間のベクトルである．

$$\mathbf{V}_1 = \mathbf{X}_2 - \mathbf{X}_1, \qquad \mathbf{V}_2 = \mathbf{X}_3 - \mathbf{X}_1 \tag{10.5}$$

また，ポリゴンの中心 $\mathbf{X}_c$ は $\mathbf{X}_c = \frac{1}{3}(\mathbf{X}_1 + \mathbf{X}_2 + \mathbf{X}_3)$ により求められるので，ポリゴン中心における光源方向 $\mathbf{L}$ と視点方向 $\mathbf{V}$ は以下のように計算できる．

$$\mathbf{V} = \frac{\mathbf{C} - \mathbf{X}_c}{\|\mathbf{C} - \mathbf{X}_c\|}, \qquad \mathbf{L} = \frac{\mathbf{S} - \mathbf{X}_c}{\|\mathbf{S} - \mathbf{X}_c\|} \tag{10.6}$$

このようにして求めた $\mathbf{L}$，$\mathbf{N}$，$\mathbf{V}$ より，式(9.16)のランバートモデルや式(9.18)のフォンモデルを用いて反射光 $\mathbf{I}$ を計算することで，注目しているポリゴンの輝度値 $\mathbf{I}$ が得られる．これを，すべてのポリゴンについて行うことで，シェーディングを施した CG 画像が生成できる．

図10.6 (a)に，コンスタントシェーディングで生成した画像を示す．コンスタントシェーディングは簡便なシェーディング方法であり，高速に実行できるが，この図からわかるように，ポリゴンどうしの境界が鮮明に見えてしまう．このため，ポリゴン表現で曲面物体を近似して表現する場合には，曲面の見た目の滑らかさが失われてしまうという問題点がある．コンスタントシェーディングにおけるこのポリゴン境界の問題は，つぎに述べる**シュブルール錯視**(Chevreul illusion)とよばれる人間の視覚特性に起因する．

シュブルール錯視

シュブルール錯視とは，明るさの異なる二つの領域が隣接したものを人間が見たときに，明るさの境界線において実際の明るさの違い以上の明るさの違いを知覚するという視覚効果のことである．いま，図10.3に示す明るさの異なる帯が複数隣接したものを目で見てみることにする．それぞれの帯の内部では明るさは一定である．ところが，人間の視覚においては，色や明るさの違いをより敏感に識別するために，その境界部分において実際の色や明るさの違い以上の違いを知覚する特性をもっている．このため，各帯の内部では本来は明るさは一定であるが，人間の目が知覚する明るさは図10.3のグラフに示すとおり，明るい帯から暗い帯に変化する境界付近において，明るい帯ではより明るく感じ，暗い帯ではより暗く感じる．この結果，明るさの違いを実際の明るさの違いよりもより強烈に知覚することになる．

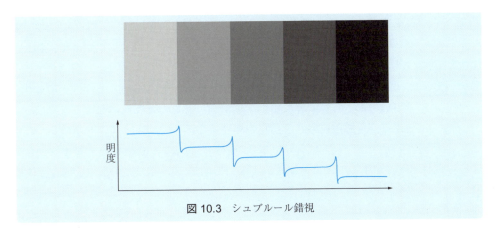

図 10.3 シュブルール錯視

　シュブルール錯視のように明るさの境界を強調する視覚効果は，人間が生きていく
うえでは，微妙な明るさの差異を見分けるのに役立つなど，通常はよい特性としては
たらく．しかし，CG 画像の生成という観点からは，必要以上に明るさの境界が強調
されてしまい，曲面を多数のポリゴンで近似して表現しようとする場合には，見た目
の曲面の滑らかさが失われてしまう．以降では，このポリゴン境界の問題を解決する
シェーディング法について学ぶ．

10.2.2 グローシェーディング

　グローシェーディング（Gouraud shading）は，コンスタントシェーディングがもつ
ポリゴン境界強調の問題を解決したシェーディング法である．そもそも境界強調は，
ポリゴンの境界部分において明るさの不連続性が存在することに起因している．した
がって，ポリゴンの境界において明るさが連続となるように調節してやればこの問題
は発生しない．そこでグローシェーディングでは，以下のようにして，ポリゴンの境
界において明るさが連続的に変化するように，ポリゴン内において明るさを滑らかに
変化させる．

　グローシェーディングでは，はじめに，物体を構成しているすべてのポリゴンにおけ
る単位法線ベクトルを求める．各ポリゴンの法線ベクトルはコンスタントシェーディ
ングにおいて述べた方法で求める．つぎに，すべてのポリゴンの頂点における法線ベ
クトルを計算する．しかし，多面体の頂点では法線ベクトルは厳密には存在しない．
そこで，頂点に隣接するポリゴンの法線の平均ベクトルをとることにより，近似的に
頂点の法線ベクトルを求める．いま，頂点 $\mathbf{x}_i$ に対して n 個のポリゴン $F_1, \ldots, F_n$ が
隣接しているとすると，頂点 $\mathbf{x}_i$ の単位法線ベクトル $\mathbf{N}_i$ は以下のように求められる．

$$\mathbf{N}_i = \frac{\mathbf{N}_{F_1} + \mathbf{N}_{F_2} + \cdots + \mathbf{N}_{F_n}}{\left\| \mathbf{N}_{F_1} + \mathbf{N}_{F_2} + \cdots + \mathbf{N}_{F_n} \right\|} \tag{10.7}$$

ここで，$\mathbf{N}_{F_k}$ はポリゴン F_k の単位法線ベクトルである．なお，本項と次項では，説
明を簡略化するため，3 次元点 $\mathbf{X}$ の法線を指して，この 3 次元点を投影した画像上の
2 次元点 $\mathbf{x}$ の法線とよぶ場合もある．

　つぎに，このようにして求めた頂点 $\mathbf{x}_i$ の法線ベクトル $\mathbf{N}_i$ を用いて頂点 $\mathbf{x}_i$ におけ

る輝度値 $\mathbf{I}_i$ を計算する．この計算は，各頂点における法線ベクトル $\mathbf{N}_i$，視点ベクトル $\mathbf{V}_i$，光源ベクトル $\mathbf{L}_i$ から，式 (9.16) のランバートモデルや式 (9.18) のフォンモデルを用いて行う．

　ポリゴンを構成する各頂点の輝度値 $\mathbf{I}_i$ が求められたら，つぎにこれらを用いてポリゴン内部の各点の輝度値を計算する．各点の輝度値は画像中における各頂点から注目点までの距離に応じて頂点の輝度値を内分することにより求める．たとえば，図 10.4 に示すポリゴンにおいてポリゴン内の点 $\mathbf{x}_F$ の輝度値を計算する場合を考えよう．点 $\mathbf{x}_F$ が乗るスキャンラインと $\mathbf{x}_A$, $\mathbf{x}_B$ を結ぶ線分との交点を $\mathbf{x}_D$ とする．同様に，点 $\mathbf{x}_F$ が乗るスキャンラインと $\mathbf{x}_A$, $\mathbf{x}_C$ を結ぶ線分との交点を $\mathbf{x}_E$ とする．このとき，点 $\mathbf{x}_F$ は線分 $\mathbf{x}_D\mathbf{x}_E$ を γ 対 $1 - \gamma$ に内分しているものとする．また，点 $\mathbf{x}_D$ は線分 $\mathbf{x}_A\mathbf{x}_B$ を α 対 $1 - \alpha$ で内分しているとし，点 $\mathbf{x}_E$ は線分 $\mathbf{x}_A\mathbf{x}_C$ を β 対 $1 - \beta$ で内分しているとする．頂点 $\mathbf{x}_A$, $\mathbf{x}_B$, $\mathbf{x}_C$ における輝度値が，それぞれ $\mathbf{I}_A$, $\mathbf{I}_B$, $\mathbf{I}_C$ であるとき，線分 $\mathbf{x}_A\mathbf{x}_B$ の内分点 $\mathbf{x}_D$ の輝度値 $\mathbf{I}_D$ は以下のように線形補間により求めることができる．

$$\mathbf{I}_D = (1 - \alpha)\mathbf{I}_A + \alpha\mathbf{I}_B \qquad (0 \le \alpha \le 1) \tag{10.8}$$

同様に，線分 $\mathbf{x}_A\mathbf{x}_C$ の内分点 $\mathbf{x}_E$ の輝度値 $\mathbf{I}_E$ は以下のように求めることができる．

$$\mathbf{I}_E = (1 - \beta)\mathbf{I}_A + \beta\mathbf{I}_C \qquad (0 \le \beta \le 1) \tag{10.9}$$

このようにして求められた稜線上の点 $\mathbf{x}_D$ と $\mathbf{x}_E$ における輝度値を用いて，これら 2 点を結ぶ線分を γ 対 $1 - \gamma$ に内分する点 $\mathbf{x}_F$ の輝度値 $\mathbf{I}_F$ を以下のように線形補間により求める．

$$\mathbf{I}_F = (1 - \gamma)\mathbf{I}_D + \gamma\mathbf{I}_E \qquad (0 \le \gamma \le 1) \tag{10.10}$$

　グローシェーディングでは，このようにしてポリゴン内の各点の輝度値を頂点の輝度値から内挿により計算する．このため，ポリゴン内で輝度値を一つだけ計算するコンスタントシェーディングよりも計算コストは大きい．

　図 10.6 (b) は，グローシェーディングの例である．グローシェーディングでは，二つの隣接するポリゴンの輝度値が，その共通稜線において連続するため，コンスタントシェーディングで生じたポリゴン境界強調の問題は生じない．一方，グローシェー

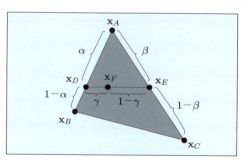

図 10.4　グローシェーディング

ディングは，輝度値を平滑化する効果があるため，鋭いピークをもつ鏡面反射成分も同時に平滑化されてしまい，鏡面反射がぼけてしまう．このような鏡面反射のぼけの問題は，つぎに述べるフォンシェーディングによって解決できる．

10.2.3 フォンシェーディング

グローシェーディングでは，反射モデルによって輝度値を計算した後，この輝度値を滑らかにしたため鏡面反射がぼけてしまった．そこで，まず滑らかに変化する法線を各点ごとに計算した後，この法線に基づいて輝度値を計算することで鏡面反射のぼけをなくした方法を**フォンシェーディング**(Phong shading)とよぶ．

フォンシェーディングにおいても，はじめに，グローシェーディングと同様に，物体を構成しているすべてのポリゴンにおける単位法線ベクトルを求め，つぎに，すべての頂点における法線ベクトルを計算する．ここまではグローシェーディングとまったく同じである．つぎに，あるポリゴン F に注目し，このポリゴン内の各点の輝度値を求める．このために，ポリゴン内の点 $\mathbf{x}$ の法線ベクトルをポリゴンの頂点の法線ベクトルから内挿により求め，求めた法線ベクトルからこの点の輝度値を計算する．

たとえば，図 10.5 に示すように，頂点 $\mathbf{x}_A$，$\mathbf{x}_B$，$\mathbf{x}_C$ に対する法線ベクトルがそれぞれ $\mathbf{N}_A$，$\mathbf{N}_B$，$\mathbf{N}_C$ であるとき，頂点 $\mathbf{x}_A$ と $\mathbf{x}_B$ とを結ぶ線分を α 対 $1-\alpha$ で内分する点 $\mathbf{x}_D$ の法線ベクトル $\mathbf{N}_D$ を以下のように求める．

$$\mathbf{N}_D = N[(1-\alpha)\mathbf{N}_A + \alpha\mathbf{N}_B] \qquad (0 \le \alpha \le 1) \tag{10.11}$$

ここで，$N[\mathbf{V}]$ はベクトル $\mathbf{V}$ の大きさが 1 となるようにベクトル $\mathbf{V}$ の大きさを正規化することを表す．同様に，頂点 $\mathbf{x}_A$ と $\mathbf{x}_C$ とを結ぶ線分を β 対 $1-\beta$ で内分する点 $\mathbf{x}_E$ における法線ベクトル $\mathbf{N}_E$ を以下のように求める．

$$\mathbf{N}_E = N[(1-\beta)\mathbf{N}_A + \beta\mathbf{N}_C] \qquad (0 \le \beta \le 1) \tag{10.12}$$

このようにして求めた稜線上の点 $\mathbf{x}_D$，$\mathbf{x}_E$ における法線ベクトルを用いて，これら 2 点を結ぶ線分を γ 対 $1-\gamma$ に内分する点 $\mathbf{x}_F$ の法線ベクトル $\mathbf{N}_F$ を以下のように求

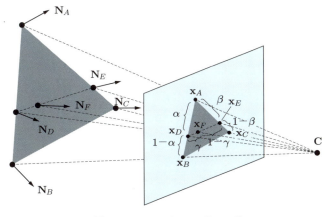

図 10.5 フォンシェーディング

める.

$$\mathbf{N}_F = N[(1-\gamma)\mathbf{N}_D + \gamma\mathbf{N}_E] \qquad (0 \leq \gamma \leq 1) \qquad (10.13)$$

このようにして求めた点 $\mathbf{x}_F$ における法線ベクト $\mathbf{N}_F$ および視点方向 $\mathbf{V}_F$ と光源方向 $\mathbf{L}_F$ から,式(9.16)のランバートモデルや式(9.18)のフォンモデルを用いて点 $\mathbf{x}_F$ における輝度値 $\mathbf{I}_F$ を求める.

　フォンシェーディングでは,二つの隣接するポリゴンの輝度値が,その共通稜線において連続するため,コンスタントシェーディングで生じたポリゴン境界強調の問題は生じない.また,ポリゴン内の各点における法線ベクトルを計算し,これをもとに輝度値を計算しているため,グローシェーディングのような鏡面反射のぼけも生じない.一方で,フォンシェーディングではポリゴン内の各点で法線ベクトルと輝度値の計算を行うため,計算コストはグローシェーディングよりもさらに大きくなる.

　図 10.6 は,コンスタントシェーディング,グローシェーディング,フォンシェーディングにより同一物体にシェーディングを施した例である.コンスタントシェーディングではシュブルール錯視によりポリゴン間の輝度値の違いが強調され,滑らかな曲面がごつごつとした曲面として知覚される.これに対してグローシェーディングやフォンシェーディングでは,先とまったく同一の多面体であるにもかかわらず,滑らかな曲面として知覚される.また,グローシェーディングは鏡面反射の部分において平滑化がかかってしまい,鋭い鏡面反射が表現されていない.これに対して,フォンシェーディングでは鏡面反射が適切に表現されている.

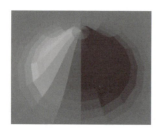 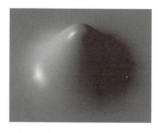 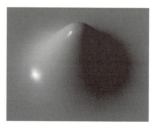

（a）コンスタントシェーディング　　（b）グローシェーディング　　（c）フォンシェーディング

図 10.6　シェーディング法の比較

第 10 章のポイント

1. パラメトリック曲面では,形状が数式表現されているため,これを微分することで各点における法線ベクトルを求めることができる.求めた法線ベクトルと視点ベクトル,光源ベクトルよりフォンモデルやランバートモデルを用いて画像上に描くべき輝度値を計算する.

2. ポリゴン表現のシェーディング法には**コンスタントシェーディング**,**グローシェーディング**,**フォンシェーディング**などがある.

3. コンスタントシェーディングでは各ポリゴンごとに反射モデルを用いて輝度値を

求めるため，ポリゴン内の輝度値は一定である．この方法では，**シュブルール錯視**によりポリゴンどうしの境界での輝度値の違いが強調されるため，滑らかな形状の表現が難しい．

4. グローシェーディングでは，ポリゴンどうしの境界において輝度値が滑らかに変化するようにポリゴン内の輝度値を線形補間する．グローシェーディングによりシュブルール錯視は生じなくなり，滑らかな形状の表現が可能になるが，鏡面反射の表現が正しく行えない問題がある．

5. フォンシェーディングは，シュブルール錯視の問題を解消しつつ鏡面反射成分を正しく表現可能なシェーディング法である．この方法では，ポリゴン内の各点において輝度値を線形補間する代わりに法線を線形補間する．

演習問題

10.1 つぎに示す物体に対してシェーディングを行うことにした．できるだけ正確に陰影を付けたいが，処理コストもできるだけ低く抑えたい．それぞれの物体において，コンスタントシェーディング，グローシェーディング，フォンシェーディングのいずれを用いればよいか理由とともに述べよ．

① 100 個のポリゴンからなる光沢のある球体

② 4 個のポリゴンからなる四面体

③ 100 個のポリゴンからなる光沢のない球体

10.2 図 10.7 に示す画像中のポリゴン $\{\mathbf{x}_A, \mathbf{x}_B, \mathbf{x}_C\}$ において，このポリゴン内の点 $\mathbf{x}$ の輝度値をグローシェーディングにより求めよ．ただし，$\mathbf{x}_A$, $\mathbf{x}_B$, $\mathbf{x}_C$ における輝度値をそれぞれ $[1, 0, 0]$, $[0, 1, 0]$, $[0, 0, 1]$ とする．

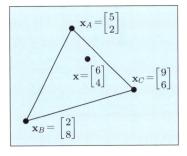

図 10.7　グローシェーディング

10.3 以下に示す三つの頂点 $\mathbf{X}_1$, $\mathbf{X}_2$, $\mathbf{X}_3$ からなるポリゴンに対して光源位置 $\mathbf{S} = [3, 2, 3]^\top$ より強さ $\mathbf{E}_s = [1, 1, 1]^\top$ の光を当てたとき，ランバートモデルに基づいてコンスタントシェーディングで描くべき輝度値 $\mathbf{I} = [I_R, I_G, I_G]^\top$ を求めよ．ただし，このポリゴンの拡散反射係数は $[K_{dR}, K_{dB}, K_{dG}]^\top = [0.5, 0, 1]^\top$ であるとし，環境光は考えない．

$$\mathbf{X}_1 = \begin{bmatrix} 0 \\ 0 \\ 1 \end{bmatrix}, \quad \mathbf{X}_2 = \begin{bmatrix} 3 \\ 0 \\ 1 \end{bmatrix}, \quad \mathbf{X}_3 = \begin{bmatrix} 0 \\ 3 \\ 1 \end{bmatrix}$$

第11章

影付け

keywords

シャドウマップ，シャドウボリューム，Zバッファ，光線追跡，ソフトシャドウ，
本影，半影

本章では，物の**影**（shadow）をCG画像上において正しく生成する方法について学習する．陰影が，光源に対する物体面の傾きに応じて受け取る光のエネルギーが変化することによって生じていたのに対して，影は，物体に届く光が他の物体によって遮られることによって発生する．影は，3次元空間における物体どうしの配置の情報などを観測者に対して正しく伝えるうえで非常に重要である．間違った影を描くと，床に接しているはずの物体が空中に浮いて見えるなど，配置の情報が見る人に正しく伝わらない．本章では，幾何学的に正しい影を付ける方法について学習する．

11.1 影の生成

光源から届くはずの光が他の物体によって遮られて届かない場合には影が発生する．図11.1では物体Aと物体Bが存在するが，光源からの光の一部が物体Aによって遮られ物体Bに影が生じている．

このとき，光源が観察者の視点であるとしてみると，光源から光が当たる3次元点とは，この光源位置から見ることができる3次元点であることがわかる．一方，この

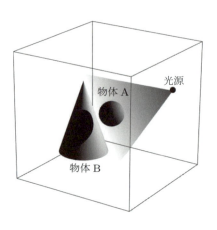

図 11.1　影の生成

光源位置から見えない 3 次元点は，他の物体によって遮られて光が届かない点である．すなわち，光源からの光が届かない影領域を見つけることは，光源を視点と考えた場合の不可視領域，すなわち光源視点における隠面を検出することに等しい．したがって，第 7 章の隠面処理で述べた方法と同様の方法を用いることで，影領域を検出して影付けを行うことができる．以降では，シャドウマッピング法，光線追跡法，シャドウボリューム法の三つの方法について学ぶ．また，光源が多数存在する場合には，光が重なり合うことによって**ソフトシャドウ**(soft shadow)とよばれるぼけた影が生成される．本章では，このソフトシャドウについても学習する．

11.2 シャドウマッピング法

　影付けを高速に行う代表的な方法として**シャドウマッピング法**(shadow mapping method)がある．これは，隠面処理の場合と同じ処理を用いて影に関する Z バッファを生成することで，効率よく影付けを行う方法である．

　シャドウマッピング法では，図 11.2 に示すように，CG の生成を行うカメラ視点におけるカメラ投影行列 $\mathbf{P}_C$ のほかに，光源位置を視点と考えた仮想的な光源カメラを考え，その投影行列 $\mathbf{P}_L$ を用意する．この光源カメラの画像サイズは適当に定めてよいが，これがそのまま影付けのための Z バッファのサイズとなる．

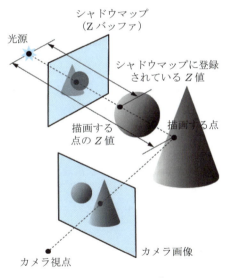

図 11.2　シャドウマッピング

　つぎに，光源を視点と考えて Z バッファに基づく隠面処理を行う．すなわち，各 3 次元点を光源カメラ $\mathbf{P}_L$ により投影しながら Z バッファを更新する．ここでの目的は，隠面を消去した画像を生成することではなく，Z バッファに対して光源から最近傍にある点までの Z 値を入力することにある．このようにして生成した Z バッファの各画素には，光源にもっとも近い 3 次元点までの光源からの距離(Z 値)が格納され

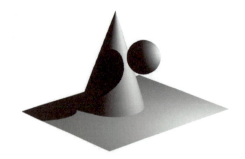
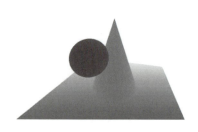

（a）生成された CG 画像 　　　　（b）シャドウマップ

図 11.3　シャドウマッピング法による影付けの例

る．すなわち，光源を視点と考えた場合の最近傍点に関する距離画像となる．シャドウマッピング法では，この Z バッファのことを**シャドウマップ**（shadow map）とよぶ（図 11.3（b）参照）．

　シャドウマップができあがったら，つぎにカメラ視点における投影行列 $\mathbf{P}_C$ により CG の生成を行う本来の視点への投影描画を行う．その際，投影する 3 次元点が光源に対して影となっているかどうかをチェックする．このため，この 3 次元点を投影行列 $\mathbf{P}_L$ を用いて光源に対して投影し，シャドウマップ上での投影点と光源からの Z 座標を求める．もし，この Z 座標がシャドウマップ上の投影点に登録されている Z 値よりも大きければ，この 3 次元点よりも光源に近い他の点が存在することになり，この 3 次元点には光源からの光が当たらないことになる．すなわち，この 3 次元点は影領域の点と判定できる．そうでない場合には，この 3 次元点には光源からの光が当たると判定できる．

　このようにしてシャドウマップを用いて影領域判定を行った結果，影領域と判定された 3 次元点は $\mathbf{P}_C$ によって CG 画像に投影する際に輝度値 0（黒）で描画する．そうでない場合には，これまでどおり，フォンモデルなどによって計算した輝度値を描画すればよい．

　シャドウマッピング法では，影領域かどうかの判定を光源を視点とした Z バッファによって行う．このため，Z バッファのサイズが不十分であると，CG 画像上に生成される影にジャギーが発生する場合がある．

　図 11.3（a）は，シャドウマッピング法によって生成した影付き CG 画像の例である．また，図 11.3（b）は，このとき生成したシャドウマップ（Z バッファ）である．

11.3　光線追跡による影付け

　つぎに，光線追跡を用いて影付けを行う方法を説明する．

　光線追跡による方法では，図 11.4 に示すように，まず画像の各画素について視点から 3 次元空間中に光線をたどっていき，この光線が最初に物体と交差する点 $\mathbf{X}$ を求める．つぎに，点 $\mathbf{X}$ から光源方向に光線をたどっていき，光源にいきつくまでに光線

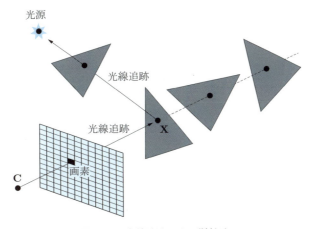

図 11.4　光線追跡による影付け

が他の物体と交差するかどうかを判定する．もしも他の物体と交差する場合には，点 **X** は他の物体に遮蔽されて光源からの光が当たらないことになる．すなわち，この場合には点 **X** は影の点と判断する．もしも，光線が他の物体と交差しない場合には，点 **X** は影の点ではないと判断できる．

　この方法では，第 1 ステップにおいて視点から光線をたどり，最初に物体と交差する点を求めるが，これは 7.5 節に述べた光線追跡による隠面処理を行っていることになる．したがって，この方法では影付けと同時に隠面処理も行うことができる．

　光線追跡による影付け法では，光線と 3 次元物体との交点計算や交差判定を行う必要がある．物体がポリゴンで構成されている場合には，各ポリゴンと光線との交差判定を行うことになる．ポリゴンと光線との交差判定は，このポリゴンの平面方程式と光線の式より交点を求め，この交点がポリゴンの中に入っているかどうかを判定すればよい．光線と物体との交点の計算や交差判定は 13.1.1 項において詳しく述べる．

11.4　シャドウボリューム法

　図 11.5 に示すように，光源からの光がある物体によって遮られたとき，光源から見てこの物体の反対側の領域には光が届かなくなる．このような光の届かない 3 次元領域を**シャドウボリューム**(shadow volume)とよぶ．

　シャドウボリューム法(shadow volume method)では，光源と物体の配置が定まった時点でまずシャドウボリュームを求める．物体が曲面物体である場合には，光が当たる面と当たらない面を分ける境界線は，光源を視点とする輪郭生成曲線である（7.2 節参照）．したがって，7.2 節に述べた方法により輪郭生成曲線上の点を求め，この点と光源を結ぶ直線を延ばしてシャドウボリュームの側面を作る．また，物体の曲面上において輪郭生成曲線を境界線とする光の当たらない面をシャドウボリュームの上面とする．シャドウボリュームの底面は十分遠方に設定するか開放のままとする．物体がポリゴン表現で表現されている場合には，シャドウボリュームもポリゴン表現に

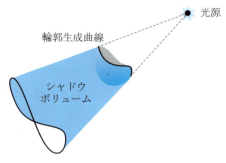

図 11.5　シャドウボリューム

よって表現する．この場合にも物体を構成するポリゴンのうちで光が当たらないポリ
ゴンをシャドウボリュームの上面とし，その境界線と光源点からシャドウボリューム
の側面を構成するポリゴンを生成する．

　シャドウボリュームができあがったら，シーン中の 3 次元物体とシャドウボリュー
ムとの交差判定を行い，シャドウボリューム内に存在する 3 次元点は影の点と判定
する．

　シャドウボリュームは光源と物体との位置関係のみによって決まり，視点には依存
しないことから，光源と物体を配置した時点で一度計算しておけば，視点が変わって
も再計算する必要はない．また，シャドウボリュームは影領域判定を行うために作成
するものなので，画像に表示することはしない．

11.5　ソフトシャドウ

　光源が複数存在していたり，光源が線状や面状に広がっている場合には，どの光源
からもまったく光が当たらない影領域と，一部の光源からのみ影となっている領域
とが生じる．図 11.6 に示すように，すべての光源から光が当たらない影領域を**本影**
（umbra）とよび，一部の光源からのみ影となっている領域を**半影**（penumbra）とよぶ．
半影が生じた状態の影を**ソフトシャドウ**（soft shadow）とよぶ．

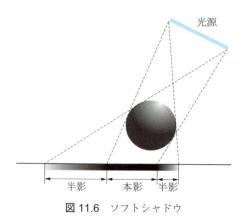

図 11.6　ソフトシャドウ

　私たちの生活空間においては，蛍光灯などの線状光源や面状光源が複数存在し，さらには壁や天井などからの反射光も光源と同じはたらきをするので，私たちは通常，無数の光源が存在する状況の中にいる．このため，私たちが目にする物体の影は，ほとんどの場合ソフトシャドウとなる．このようなことから，ソフトシャドウを描くと，より現実味のある映像を生成できる．

　ソフトシャドウは，図11.7に示すように線状光源や面状光源を多数の点光源の集合として考え，それぞれの点光源によって生成される影付き画像を足し合わせることによって生成できる．これは，複数の光源からの光が重なり合った場合の光量は，それぞれの光源からの光量の足し合わせとなることに基づく．図11.8 (b)はこのようにして生成したソフトシャドウの例である．図11.8 (a)の単一光源のもとで生成した影と比較すると，より現実味があることがわかる．

　さらに現実の状況に近い影付けを行う方法としてラジオシティ法がある．ラジオシティ法では，光源から直接届く光のみでなく，壁や床や物体などで反射して届く光も考慮したうえで，最終的にそれぞれの面が放射する輝度を計算する．この結果，光源

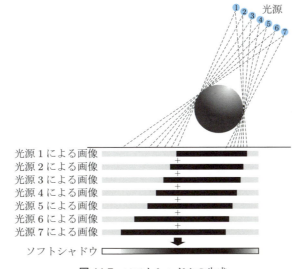

図11.7　ソフトシャドウの生成

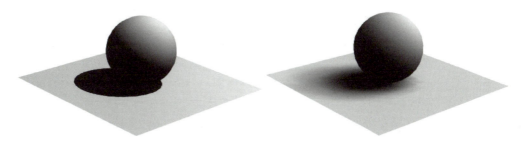

（a）単一光源による影　　　　　　　　　　（b）ソフトシャドウ

図11.8　ソフトシャドウの例

からの直接光が遮られた影領域のソフトシャドウもおのずと生成できる．ラジオシティ法については，第 14 章において詳しく説明する．

第 11 章のポイント

1. 影とは，光源を視点とした場合における光源からの不可視領域である．このため，隠面処理と同様の方法によって影領域を推定できる．

2. **シャドウマッピング法**は，光源を視点とする Z バッファを用いて影領域を推定する方法である．この Z バッファを**シャドウマップ**とよぶ．

3. **光線追跡による影付け法**では，まず視点から物体上の点へと光線をたどり，つぎに物体上の点から光源へと光線をたどり，物体上の点と光源との間に他の物体が存在するかどうかを調べ，影領域の点かどうかを判定する．

4. **シャドウボリューム法**は，物体によって遮蔽されて光源からの光が届かない領域を**シャドウボリューム**としてポリゴン表現などで表現し，このシャドウボリュームとの交差判定を行うことで影領域の点かどうかを判定する．

5. 光源が面状や線状に広がっていたり複数存在したりする場合には，すべての光源からの光が当たらない**本影**のほかに，一部の光源の光のみが当たらない**半影**が生じる．半影状態が生じている影を**ソフトシャドウ**とよぶ．ソフトシャドウは各光源からの光の反射光を足し合わせることで生成できる．

演習問題

11.1 シャドウマッピング法では，シャドウマップを作成した後，物体上の点 $\mathbf{X}$ の Z 値である Z_X とシャドウマップ上に登録されている点 $\mathbf{X}$ の Z 値である Z_S とを比較して点 $\mathbf{X}$ の影領域判定を行う．いま，シャドウマップの作成が完了し，ある点 $\mathbf{X}$ の Z 値である Z_X と，この点のシャドウマップ上の Z 値である Z_S との 比較を行ったとする．このとき，Z_X と Z_S との大小関係について以下からもっとも適切なものを一つ選べ．

　① Z_X は Z_S よりも大きい場合もあれば小さい場合もある．

　② 必ず $Z_X \leq Z_S$ である．

　③ 必ず $Z_X \geq Z_S$ である．

　④ 必ず $Z_X < Z_S$ である．

　⑤ 必ず $Z_X > Z_S$ である．

11.2 ある完全拡散反射面に対してソフトシャドウが発生しているとする．このとき，本影部分の輝度は面の傾きによって変化しないが，半影部分の輝度は面の傾きに応じて変化する．その理由を述べよ．ただし，点の位置は変化せず，傾きのみが変化するものとする．

第12章

テクスチャーマッピング

keywords

テクスチャー，前方テクスチャーマッピング，後方テクスチャーマッピング，
アフィンテクスチャーマッピング，射影テクスチャーマッピング

　物体表面に対して模様の情報すなわち**テクスチャー**(texture)を張り込み，これを画像中に描画することを**テクスチャーマッピング**(texture mapping)とよぶ．このとき用いる模様情報は，従前は人工的に作成していたが，近年ではカメラで撮影した実写画像を用いる場合も増えてきた．物体表面の模様は，物体上の各点の分光反射特性に基づいている．したがって，テクスチャーマッピングとは，物体表面上の各点に対して RGB 各色に関する拡散反射係数 $\mathbf{K}_d$ を与えることと等価である．本章ではこのようなテクスチャーマッピングの方法について学習する．

12.1　テクスチャーマッピングとは

　テクスチャーマッピングでは，図 12.1 に示すように，まず模様情報であるテクスチャー画像 $\mathbf{I}_T$ を作成し，これを 3 次元物体の形状に合わせて張り込み，これを投影した CG 画像を最終的に生成する．したがって，テクスチャーマッピングでは，テクスチャー画像 $\mathbf{I}_T$ 上の点 $\mathbf{m}$ と CG 画像上の点 $\mathbf{x}$ との間の対応関係を求め，点 $\mathbf{m}$ の輝

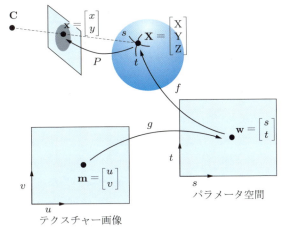

図 12.1　テクスチャーマッピング

度値 $\mathbf{I}_T(\mathbf{m})$ を点 $\mathbf{x}$ の拡散反射係数 $\mathbf{K}_d(\mathbf{x})$ として与えればよい．このとき，点 $\mathbf{m}$ と点 $\mathbf{x}$ との対応関係をいかにして得るかが課題となる．

いま，物体上の点 $\mathbf{X} = [X, Y, Z]^\top$ が写像 P により CG 画像上の点 $\mathbf{x} = [x, y]^\top$ に投影されたとする．

$$\mathbf{x} = P(\mathbf{X}) \tag{12.1}$$

この投影 P は，第6章で述べたように，同次座標を用いて次式によって表すことができた．

$$\widetilde{\mathbf{x}} = \mathbf{P}\widetilde{\mathbf{X}} \tag{12.2}$$

また，3次元物体がパラメトリック表現で表現されている場合には，この物体上の点 $\mathbf{X}$ はパラメータ s, t によって決まった．そこで，s, t からなるパラメータ空間を考え，このパラメータ空間中の点 $\mathbf{w} = [s, t]^\top$ から3次元空間中の点 $\mathbf{X} = [X, Y, Z]^\top$ への写像を以下のように f とおくことにする．

$$\mathbf{X} = f(\mathbf{w}) \tag{12.3}$$

たとえば，球面の場合には，写像 f は以下のように表すことができる．

$$X = \cos(t)\cos(s), \qquad Y = \cos(t)\sin(s), \qquad Z = \sin(t) \tag{12.4}$$

また，テクスチャー画像はある一定の大きさをもつデジタル画像である．そこで，テクスチャー画像上の点 $\mathbf{m} = [u, v]^\top$ からパラメータ空間上の点 $\mathbf{w} = [s, t]^\top$ への写像 g を以下のように考える．

$$\mathbf{w} = g(\mathbf{m}) \tag{12.5}$$

このとき，写像 P, f, g が求められれば，CG 画像上の点 $\mathbf{x}$ とテクスチャー画像上の点 $\mathbf{m}$ との対応関係が求められ，テクスチャーマッピングを行うことができる．このテクスチャーマッピングには，以下に述べる前方テクスチャーマッピングと後方テクスチャーマッピングの2通りの方法が考えられる．

12.2 前方テクスチャーマッピング

前方テクスチャーマッピング(forward texture mapping)とは，CG 画像上の点 $\mathbf{x}$ とテクスチャー画像上の点 $\mathbf{m}$ との対応関係を以下の順番で求めていく方法である．

まず，写像 g, f および P を求めておく．つぎに，写像 g によりテクスチャー画像上の点 $\mathbf{m} = [u, v]^\top$ からパラメータ空間上の点 $\mathbf{w} = [s, t]^\top$ を求める．つぎに，写像 f によりパラメータ空間上の点 $\mathbf{w} = [s, t]^\top$ から3次元空間中の点 $\mathbf{X} = [X, Y, Z]^\top$ を求める．最後に，写像 P により3次元空間中の点 $\mathbf{X} = [X, Y, Z]^\top$ から CG 画像上の点 $\mathbf{x} = [x, y]^\top$ を求める．すなわち，以下のような流れで点の対応関係を求める．

$$\mathbf{m} \xrightarrow{g} \mathbf{w} \xrightarrow{f} \mathbf{X} \xrightarrow{P} \mathbf{x} \tag{12.6}$$

このようにしてテクスチャー画像上の点 $\mathbf{m}$ に対する CG 画像上の点 $\mathbf{x}$ の座標を求め，テクスチャー画像上の点 $\mathbf{m}$ の輝度値 $\mathbf{I}_T(\mathbf{m})$ を CG 画像上の点 $\mathbf{x}$ の拡散反射係数 $\mathbf{K}_d(\mathbf{x})$ とする．

　しかし，この方法ではテクスチャー画像上の点に対する CG 画像上の点の座標値を求めるため，CG 画像上のすべての点の拡散反射係数が求められるとはかぎらない．たとえば，テクスチャー画像の画素数に対して CG 画像の画素数が極端に大きいとすると，テクスチャー画像上のすべての点を CG 画像にマッピングしても CG 画像には抜けが多数生じてしまい，穴だらけの CG 画像となってしまう．これに対して，つぎに示す後方テクスチャーマッピングではこのような問題を解決できる．

12.3　後方テクスチャーマッピング

　後方テクスチャーマッピング（backward texture mapping）は，前方テクスチャーマッピングとはまったく逆の順番に，テクスチャー画像上の点 $\mathbf{m}$ と CG 画像上の点 $\mathbf{x}$ との対応を求めるものである．

　後方テクスチャーマッピングでは，まず写像 g, f, P の逆写像 g^{-1}, f^{-1}, P^{-1} を求め，P^{-1} により CG 画像上の点 $\mathbf{x}$ に対する物体上の点 $\mathbf{X}$ を求め，f^{-1} により物体上の点 $\mathbf{X}$ からパラメータ空間上の点 $\mathbf{w}$ を求め，g^{-1} により $\mathbf{w}$ からテクスチャー画像上の点 $\mathbf{m}$ の座標を求める．

$$\mathbf{x} \xrightarrow{P^{-1}} \mathbf{X} \xrightarrow{f^{-1}} \mathbf{w} \xrightarrow{g^{-1}} \mathbf{m} \tag{12.7}$$

実際には，点 $\mathbf{x}$ から物体上の点 $\mathbf{X}$ を求めることと，この点のパラメータ $\mathbf{w}$ を求めることは同じなので，$\mathbf{x}$ からは $\mathbf{X}$ を経ずに直接 $\mathbf{w}$ を計算する．このようにして CG 画像上の点 $\mathbf{x}$ に対するテクスチャー画像上の点 $\mathbf{m}$ の座標を求め，テクスチャー画像上の点 $\mathbf{m}$ の輝度値 $\mathbf{I}_T(\mathbf{m})$ を CG 画像上の点 $\mathbf{x}$ の拡散反射係数 $\mathbf{K}_d(\mathbf{x})$ とする．

　後方テクスチャーマッピングでは，CG 画像上のすべての点に対するテクスチャー画像上の対応点が得られるので，CG 画像上のすべての点を埋めることができ，抜けが生じない．このようなことから，通常は前方テクスチャーマッピングではなく後方テクスチャーマッピングが用いられる．

　図 12.2 (b) は図 12.2 (a) のテクスチャー画像を後方テクスチャーマッピングにより球面上にマッピングした例である．マッピングの抜けがなく，良好な画像が得られている．この例では，3 次元物体としてつぎに示すパラメトリック表現された球面を用い，パラメータ空間を $0 \leq s \leq 2\pi$, $-\dfrac{\pi}{2} \leq t \leq \dfrac{\pi}{2}$ とした．

$$\mathbf{X} = \begin{bmatrix} \cos(t)\cos(s) \\ \cos(t)\sin(s) \\ \sin(t) \end{bmatrix} \tag{12.8}$$

テクスチャー画像は 2000×1000 画素の画像であるため，パラメータ空間上の点 $\mathbf{w} = [s, t]^{\top}$ からテクスチャー画像上の点 $\mathbf{m} = [u, v]^{\top}$ への写像 g^{-1} は以下のように

（a）テクスチャー画像

（b）テクスチャーマッピング 1　　　　　　（c）テクスチャーマッピング 2

図 12.2　後方テクスチャーマッピングによる結果

表すことができる.

$$s = \frac{2\pi u}{2000} \tag{12.9}$$

$$t = \frac{\pi v}{1000} - \frac{\pi}{2} \tag{12.10}$$

また, 第 6 章で示したように, 3 次元から 2 次元への投影は以下のように表すことができた.

$$\tilde{\mathbf{x}} = \mathbf{P}\tilde{\mathbf{X}} \qquad \mathbf{P} : \text{カメラ投影行列} \tag{12.11}$$

したがって, 式(12.9), (12.10)を式(12.8)に代入し, これを式(12.11)により投影することで, 点 $\mathbf{m}$ から点 $\mathbf{x}$ への写像 h が求められる. この逆写像 h^{-1} を用いることで, 後方テクスチャーマッピングを行うことができる.

　また, 図 12.2 (c)は先と同じテクスチャー画像を以下の 3 次元物体に対してマッピングした例である.

$$\mathbf{X} = \begin{bmatrix} (1 + \cos(t))\cos(s)1.3^s \\ -(1 + \cos(t))\sin(s)1.3^s \\ -3(1 + \sin(t)) \end{bmatrix} \tag{12.12}$$

このように, パラメトリック表現された物体においては, パラメータ空間とテクスチャー画像との対応関係を考えることで, テクスチャーをマッピングすることができる.

12.4　ポリゴンのテクスチャーマッピング

　つぎに，物体がポリゴン表現で表現されている場合におけるテクスチャーマッピングについて考える．物体がポリゴン表現で表現されている場合には，物体上のポリゴンの頂点とこれに対応するテクスチャー画像上の頂点との対応関係を用いることで，効率よくテクスチャーを張り込むことができる．このようなマッピング法にはアフィン変換を用いるアフィンテクスチャーマッピングと射影変換を用いる射影テクスチャーマッピングとがある．

12.4.1　アフィンテクスチャーマッピング

　いま，図 12.3 に示すように，物体上のポリゴンの頂点 $\mathbf{X}_1$，$\mathbf{X}_2$，$\mathbf{X}_3$ とテクスチャー画像上のポリゴンの頂点 $\mathbf{m}_1$，$\mathbf{m}_2$，$\mathbf{m}_3$ とが対応しているとする．また，投影により，これらの物体上の点 $\mathbf{X}_1$，$\mathbf{X}_2$，$\mathbf{X}_3$ が以下のように CG 画像上の点 $\mathbf{x}_1$，$\mathbf{x}_2$，$\mathbf{x}_3$ に投影されたとする．

$$\widetilde{\mathbf{x}}_i = \mathbf{P}\widetilde{\mathbf{X}}_i \qquad (i = 1, \ldots, 3) \tag{12.13}$$

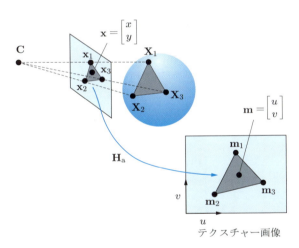

図 12.3　アフィン変換によるポリゴンのテクスチャーマッピング

すると，テクスチャー画像上の 3 点 $\mathbf{m}_1$，$\mathbf{m}_2$，$\mathbf{m}_3$ と CG 画像上の 3 点 $\mathbf{x}_1$，$\mathbf{x}_2$，$\mathbf{x}_3$ との間のアフィン変換 $\mathbf{H}_a$ が以下のように計算できる．

$$\mathbf{H}_a = \begin{bmatrix} \mathbf{m}_1 & \mathbf{m}_2 & \mathbf{m}_3 \\ 1 & 1 & 1 \end{bmatrix} \begin{bmatrix} \mathbf{x}_1 & \mathbf{x}_2 & \mathbf{x}_3 \\ 1 & 1 & 1 \end{bmatrix}^{-1} \tag{12.14}$$

アフィン行列 $\mathbf{H}_a$ は以下に示すように，その第 3 行目が 0, 0, 1 であるような 6 自由度の 3×3 行列である．

$$\mathbf{H}_a = \begin{bmatrix} a_{11} & a_{12} & a_{13} \\ a_{21} & a_{22} & a_{23} \\ 0 & 0 & 1 \end{bmatrix} \tag{12.15}$$

このようにして求めたアフィン変換 $\mathbf{H}_a$ を用いることにより，このポリゴン内のすべ
ての点について CG 画像上の点 $\mathbf{x}$ とテクスチャー画像上の点 $\mathbf{m}$ との間の対応関係が
以下のように得られる．

$$\begin{bmatrix} \mathbf{m} \\ 1 \end{bmatrix} = \mathbf{H}_a \begin{bmatrix} \mathbf{x} \\ 1 \end{bmatrix} \tag{12.16}$$

このようにして，CG 画像上の点 $\mathbf{x}$ に対応するテクスチャー画像上の点 $\mathbf{m}$ を求め，点
$\mathbf{m}$ の輝度値を CG 画像上の点 $\mathbf{x}$ の拡散反射係数とすることで，後方テクスチャーマッ
ピングによるテクスチャーの張り付けが行える．これを**アフィンテクスチャーマッピ
ング**（affine texture mapping）とよぶ．

　このテクスチャーマッピング法は，3 次元空間中の点の座標を計算する必要がなく
効率がよいが，透視投影によるテクスチャーの射影歪みが正しく表現できないため，
テクスチャーが不連続になるなどの問題が生じる（図 12.5 (b) 参照）．一つひとつのポ
リゴンが十分に小さい場合にはこの不連続性は問題にならないが，ポリゴンが大きい
場合には目立つようになる．この問題を解決する一つの方法は，つぎに示すようにア
フィン変換の代わりに射影変換を用いることである．

12.4.2　射影テクスチャーマッピング

　いま，図 12.4 に示すように，CG 画像上の 4 点 $\mathbf{x}_i = [x_i, y_i]^\top$ $(i = 1, \ldots, 4)$ とテク
スチャー画像上の 4 点 $\mathbf{m}_i = [u_i, v_i]^\top$ $(i = 1, \ldots, 4)$ とが対応しているとする．する
と，これら 4 点どうしの間には以下に示す射影変換の関係が成り立つ．

$$\tilde{\mathbf{m}}_i = \mathbf{H}_p \tilde{\mathbf{x}}_i \tag{12.17}$$

ここで，$\mathbf{H}_p$ は 3×3 の射影変換行列を表す．

$$\mathbf{H}_p = \begin{bmatrix} p_{11} & p_{12} & p_{13} \\ p_{21} & p_{22} & p_{23} \\ p_{31} & p_{32} & p_{33} \end{bmatrix} \tag{12.18}$$

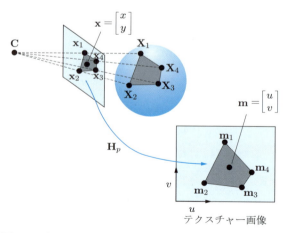

図 12.4　射影変換によるポリゴンのテクスチャーマッピング

行列 $\mathbf{H}_p$ は九つの要素をもつが,全体を定数倍しても $\mathbf{H}_p$ が表す射影変換は同一であることから,その自由度は 8 である.式(12.17)の両辺に対して $\tilde{\mathbf{m}}_i$ との外積をとると,以下の式が得られる.

$$[\tilde{\mathbf{m}}_i]_\times \mathbf{H}_p \tilde{\mathbf{x}}_i = \mathbf{0} \tag{12.19}$$

ここで,$[\mathbf{v}]_\times$ は行列を用いてベクトルの外積を表現するための 3×3 行列であり,以下に示すようにベクトル $\mathbf{v} = [v_1, v_2, v_3]^\top$ の三つの要素からなる歪対称行列である.

$$[\mathbf{v}]_\times = \begin{bmatrix} 0 & -v_3 & v_2 \\ v_3 & 0 & -v_1 \\ -v_2 & v_1 & 0 \end{bmatrix} \tag{12.20}$$

式(12.19)を展開して整理することで,以下に示すように行列 $\mathbf{H}_p$ の各要素を縦に並べたベクトル $\mathbf{h} = [p_{11}, p_{12}, p_{13}, p_{21}, p_{22}, p_{23}, p_{31}, p_{32}, p_{33}]^\top$ に関する線形方程式が得られる.

$$\mathbf{M}_i \mathbf{h} = \mathbf{0} \tag{12.21}$$

ここで,$\mathbf{M}_i$ は i 番目の対応点 $\mathbf{x}_i = [x_i, y_i]^\top$,$\mathbf{m}_i = [u_i, v_i]^\top$ に関する以下に示す 3×9 行列である.

$$\mathbf{M}_i = \begin{bmatrix} 0 & 0 & 0 & -x_i & -y_i & -1 & v_i x_i & v_i y_i & v_i \\ x_i & y_i & 1 & 0 & 0 & 0 & -u_i x_i & -u_i y_i & -u_i \\ -v_i x_i & -v_i y_i & -v_i & u_i x_i & u_i y_i & u_i & 0 & 0 & 0 \end{bmatrix} \tag{12.22}$$

式(12.22)には三つの式があるが,このうちで独立なものは二つのみである.一方,$\mathbf{h}$ を求めるためには八つの独立な拘束が必要である.そこで,4 組の対応点から次式を得る.

$$\begin{bmatrix} \mathbf{M}_1 \\ \mathbf{M}_2 \\ \mathbf{M}_3 \\ \mathbf{M}_4 \end{bmatrix} \mathbf{h} = \mathbf{0} \tag{12.23}$$

この線形方程式を解くことで,射影変換行列 $\mathbf{H}_p$ の各要素を求めることができる.

このようにして求めた射影変換行列 $\mathbf{H}_p$ を用いて次式により射影変換を行うことで,ポリゴン内のすべての点について CG 画像上の点 $\mathbf{x}$ とテクスチャー画像上の点 $\mathbf{m}$ との対応関係が得られ,テクスチャーマッピングを行うことができる.

$$\tilde{\mathbf{m}} = \mathbf{H}_p \tilde{\mathbf{x}} \tag{12.24}$$

これを**射影テクスチャーマッピング**(projective texture mapping)とよぶ.射影テクスチャーマッピングでは射影歪みを正しく表現したテクスチャーを生成できるが,$\mathbf{H}_p$ を計算するのに CG 画像上のポリゴンとテクスチャー画像上のポリゴンとの間において 4 点以上の対応点が必要となる.

（a）テクスチャー画像

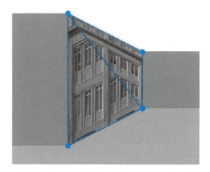

（b）アフィンテクスチャーマッピング

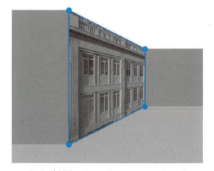

（c）射影テクスチャーマッピング

図 12.5　アフィンテクスチャーマッピングと射影テクスチャーマッピングの比較

　図 12.5 は，アフィンテクスチャーマッピングと射影テクスチャーマッピングを用いてそれぞれ図(a)に示すテクスチャー画像を CG 画像にマッピングした例である．図(b)はアフィンテクスチャーマッピングによる結果であり，図(c)は射影テクスチャーマッピングによる結果である．アフィンテクスチャーマッピングでは，図(b)に示す四つの点のうちの 3 点を用いてアフィン変換を計算し，マッピングした．射影テクスチャーマッピングでは，図(c)に示す 4 点を用いて射影変換を計算し，マッピングした．これらの図からわかるように，アフィンテクスチャーマッピングを用いた場合にはポリゴンの境界においてテクスチャーに歪みが生じているのに対して，射影テクスチャーマッピングを用いた場合には正しくテクスチャーが張り込めている．一般に，一つひとつのポリゴンが十分に小さい場合には射影歪みも小さくなるため，アフィンテクスチャーマッピングで十分であるが，ポリゴンが大きい場合には射影歪みが大きくなるため，射影テクスチャーマッピングが必要となる．

第 12 章のポイント

1. テクスチャー画像上の点 **m** と CG 画像上の点 **x** との間の対応関係を求め，テクスチャー画像上の点 **m** の色情報を CG 画像の点 **x** にマップすることを**テクスチャーマッピング**とよぶ．

2. テクスチャーマッピングには，テクスチャー画像上の点 **m** をもとにしてこれに対応する CG 画像上の点 **x** を求める**前方テクスチャーマッピング**と，逆に CG 画像

上の点 $\mathbf{x}$ を基準にこれに対応するテクスチャー画像上の点 $\mathbf{m}$ を求める**後方テクスチャーマッピング**とがある．前方テクスチャーマッピングでは，CG 画像において対応が求められずに色が決定されない点が生じる場合があるが，後方テクスチャーマッピングではこの問題は生じない．

3. ポリゴンに対してテクスチャーマッピングする場合には，アフィン変換や射影変換を用いることで，高速に対応を計算してマッピングすることができる．アフィン変換を用いる**アフィンテクスチャーマッピング**では生成した CG 画像に不適切な歪みが生じる場合があるが，射影変換を用いる**射影テクスチャーマッピング**ではこの問題は生じない．

演習問題

12.1 640×480 のテクスチャー画像を半径 2，高さ 5 の円筒の側面にマッピングしたい．マッピング関数の例を一つ示せ．

12.2 以下に示すようにテクスチャー画像中の 3 点 $\mathbf{m}_1$，$\mathbf{m}_2$，$\mathbf{m}_3$ が CG 画像中の 3 点 $\mathbf{x}_1$，$\mathbf{x}_2$，$\mathbf{x}_3$ に対応しているとき，アフィンテクスチャーマッピングで用いるアフィン変換 $\mathbf{H}_a$ を求めよ．

$$\mathbf{m}_1 = \begin{bmatrix} 100 \\ 50 \end{bmatrix}, \qquad \mathbf{m}_2 = \begin{bmatrix} 200 \\ 50 \end{bmatrix}, \qquad \mathbf{m}_3 = \begin{bmatrix} 100 \\ 100 \end{bmatrix}$$

$$\mathbf{x}_1 = \begin{bmatrix} 300 \\ 150 \end{bmatrix}, \qquad \mathbf{x}_2 = \begin{bmatrix} 300 \\ 200 \end{bmatrix}, \qquad \mathbf{x}_3 = \begin{bmatrix} 250 \\ 150 \end{bmatrix}$$

12.3 以下に示すようにテクスチャー画像中の 4 点 $\mathbf{m}_1$，$\mathbf{m}_2$，$\mathbf{m}_3$，$\mathbf{m}_4$ が CG 画像中の 4 点 $\mathbf{x}_1$，$\mathbf{x}_2$，$\mathbf{x}_3$，$\mathbf{x}_4$ に対応しているとき，射影テクスチャーマッピングで用いる射影変換 $\mathbf{H}_p$ を求めよ．

$$\mathbf{m}_1 = \begin{bmatrix} 10 \\ 5 \end{bmatrix}, \qquad \mathbf{m}_2 = \begin{bmatrix} 20 \\ 5 \end{bmatrix}, \qquad \mathbf{m}_3 = \begin{bmatrix} 20 \\ 10 \end{bmatrix}, \qquad \mathbf{m}_4 = \begin{bmatrix} 10 \\ 10 \end{bmatrix}$$

$$\mathbf{x}_1 = \begin{bmatrix} 11 \\ 6 \end{bmatrix}, \qquad \mathbf{x}_2 = \begin{bmatrix} 17 \\ 6 \end{bmatrix}, \qquad \mathbf{x}_3 = \begin{bmatrix} 15 \\ 8 \end{bmatrix}, \qquad \mathbf{m}_4 = \begin{bmatrix} 13 \\ 8 \end{bmatrix}$$

第13章

レイトレーシング

keywords

レイトレーシング，光線追跡法，反射光，屈折光，計算打ち切り条件，光線の二分木，
スネルの法則

これまで述べてきた CG 画像生成法では，直接光はモデル化できたが間接光につい
ては環境光という形で大雑把な近似を行った．また，ガラス玉のように光を透過する
物体は対象外としてきた．これに対して，本章で学ぶレイトレーシングは，間接光の
反射や透過光の屈折までも正確にモデル化できるより高度な CG 画像生成法である．

レイトレーシング(ray tracing)は，光源から放射された光が視点に届くまでの反射
や屈折の道筋を正確にたどることにより，最終的に視点に至る光を計算して CG 画像
を生成するものである．光線をたどることからレイトレーシングあるいは**光線追跡法**
とよばれる．

本章では，まず，反射光に関するレイトレーシングについて学習し，つぎに，反射
光と透過光がともに存在する場合のレイトレーシングについて学習する．

13.1 反射光のレイトレーシング

レイトレーシングでは，直接光の反射のみでなく間接光の反射も正確にモデル化で
きる．ただし，間接光については，鏡面反射はモデル化できるが，拡散反射はモデル
化できない．すなわち，レイトレーシングでモデル化できるのは，直接光の鏡面反射
と拡散反射，そして間接光の鏡面反射である．

いま，図 13.1 の視点 $\mathbf{C}$ における CG 画像を生成する場合を考える．画像上の点 $\mathbf{x}$
の輝度値 $\mathbf{I}$ を求めるためには，この点に入射する光の総和を考えればよい．これは視
点 $\mathbf{C}$ と画像点 $\mathbf{x}$ を結ぶ直線上の光の総和である．この直線と物体との交点を $\mathbf{X}_0$ と
し，点 $\mathbf{X}_0$ における視点方向を $\mathbf{V}_0$ とすると，画像点 $\mathbf{x}$ に入射する光の総和 $\mathbf{I}_0$ は，点
$\mathbf{X}_0$ における $\mathbf{V}_0$ 方向への直接光の反射成分 $\mathbf{I}_0^D$ と間接光の反射成分 $\mathbf{I}_0^I$ の和であり，
以下のように表すことができる．

$$\mathbf{I}_0 = \mathbf{I}_0^D + \mathbf{I}_0^I \tag{13.1}$$

このうちの直接光の反射成分 $\mathbf{I}_0^D$ は，光源から点 $\mathbf{X}_0$ に届いた光の反射をフォンモデ
ルを用いて計算する．一方，間接光の反射成分 $\mathbf{I}_0^I$ は，点 $\mathbf{X}_0$ に入ってくる間接光のう
ちで鏡面反射により $\mathbf{V}_0$ 方向に反射する光のみを考える．鏡面反射では入射角と反射

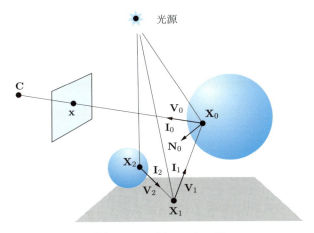

図 13.1 レイトレーシング

角は等しいことから，$\mathbf{V}_0$ 方向に鏡面反射する光は点 $\mathbf{X}_0$ に $\mathbf{V}_1$ 方向から入ってくる光 $\mathbf{I}_1$ に限られることがわかる．すなわち，間接光の反射成分 $\mathbf{I}_0^I$ は，間接光 $\mathbf{I}_1$ に点 $\mathbf{X}_0$ の鏡面反射係数 K_0^R を掛けたものとなる．

$$\mathbf{I}_0^I = K_0^R \mathbf{I}_1 \tag{13.2}$$

つぎに，図 13.1 に示すように，点 $\mathbf{X}_0$ から $-\mathbf{V}_1$ 方向に伸びる直線を考え，この直線と物体との交点が $\mathbf{X}_1$ であったとする．すると，間接光 $\mathbf{I}_1$ とは，点 $\mathbf{X}_1$ における $\mathbf{V}_1$ 方向の反射光ということになる．先と同様に，点 $\mathbf{X}_1$ における反射光 $\mathbf{I}_1$ は，光源から点 $\mathbf{X}_1$ に届く直接光の反射成分 $\mathbf{I}_1^D$ と間接光の反射成分 $\mathbf{I}_1^I$ の和であり，以下のように表すことができる．

$$\mathbf{I}_1 = \mathbf{I}_1^D + \mathbf{I}_1^I \tag{13.3}$$

このうちの直接光の反射成分 $\mathbf{I}_1^D$ は，光源から点 $\mathbf{X}_1$ に届いた光の反射をフォンモデルを用いて計算する．間接光の反射成分 $\mathbf{I}_1^I$ は，点 $\mathbf{X}_1$ に対して $\mathbf{V}_2$ 方向から入る間接光 $\mathbf{I}_2$ より以下のように求めることができる．

$$\mathbf{I}_1^I = K_1^R \mathbf{I}_2 \tag{13.4}$$

ただし，K_1^R は点 $\mathbf{X}_1$ における鏡面反射係数であり，また $\mathbf{V}_2$ は反射方向 $\mathbf{V}_1$ から決まる入射方向である．

以下同様に考えていけば，画像上の点 $\mathbf{x}$ に入射する光 $\mathbf{I}_0$ は以下のように再帰的に計算できることがわかる．

$$\mathbf{I}_0 = \mathbf{I}_0^D + K_0^R \mathbf{I}_1$$
$$\mathbf{I}_1 = \mathbf{I}_1^D + K_1^R \mathbf{I}_2$$
$$\vdots$$
$$\mathbf{I}_N = \mathbf{I}_N^D + K_N^R \mathbf{I}_{N+1} \tag{13.5}$$

このように，レイトレーシングでは，各反射点 $\mathbf{X}_i\ (i=0,1,\ldots,N)$ において，直接光の鏡面反射，直接光の拡散反射および間接光の鏡面反射に基づいて反射光を計算する．以降では，このとき必要となる反射点の計算法や光線の追跡法について述べる．

13.1.1　光線と物体との交点

レイトレーシングでは，光線と物体との交点，すなわち反射点 $\mathbf{X}_i\ (i=0,1,\ldots,N)$ を再帰的に求めていく必要がある．物体がパラメトリック表現で表現されている場合には，この反射点は，光線の式と物体の式との連立方程式を解くことにより求められる．

いま，反射点 $\mathbf{X}_{i-1}$ が得られており，これよりつぎの反射点 $\mathbf{X}_i$ を求める場合を考える．このとき，反射方向 $\mathbf{V}_i$ が次項に示す方法により求められる．すると，反射点 $\mathbf{X}_{i-1}$ から $-\mathbf{V}_i$ 方向に向かう光線の式が以下のように表すことができる．

$$\mathbf{X}_i = \mathbf{X}_{i-1} - \alpha \mathbf{V}_i \tag{13.6}$$

また，パラメトリック表現で表現された物体上の点 $\mathbf{X}_i$ は，二つのパラメータ $s,\ t$ によって以下のようにある関数 $f(s,t)$ で表すことができる．

$$\mathbf{X}_i = f(s,t) \tag{13.7}$$

たとえば，n 次 B スプライン曲面の場合には，以下の式で表すことができた．

$$f(s,t) = \sum_{p=0}^{k}\sum_{q=0}^{l} S_p^n(s) S_q^n(t) \mathbf{Q}_{pq} \tag{13.8}$$

したがって，式(13.6)と式(13.7)より次式が得られる．

$$\mathbf{X}_{i-1} - \alpha \mathbf{V}_i = f(s,t) \tag{13.9}$$

式(13.9)には三つの未知数 $\alpha,\ s,\ t$ があり，これに対して式(13.9)には三つの拘束式がある．したがって，式(13.9)を解くことで $\alpha,\ s,\ t$ を求めることができ，この結果，光線と物体との交点が求められる．ただし，パラメータ $s,\ t$ のいずれかが定めた範囲から外れた場合には，この物体とは交差しない．このようにしてすべての物体との交点を求め，α が正の範囲で最小となるものをつぎの反射点 $\mathbf{X}_i$ とする．

物体がポリゴン表現で表現されている場合には，各ポリゴンと光線との交点を求め，これらのうちで α が正の範囲で最小となるものを選べばよい．ポリゴンと光線との交点は，先と同様にポリゴンの平面の式と光線の式とを連立して解けばよい．ポリゴンの法線ベクトルを $\mathbf{N}$ とすると，ポリゴン平面の式は以下のように表すことができる．

$$\mathbf{N} \cdot \mathbf{X}_i = d \tag{13.10}$$

ここで，d は座標原点から平面までの距離である．式(13.6)を式(13.10)に代入することにより，パラメータ α が以下のように求められる．

$$\alpha = \frac{\mathbf{N} \cdot \mathbf{X}_{i-1} - d}{\mathbf{N} \cdot \mathbf{V}_i} \tag{13.11}$$

このようにして求めた α を式(13.6)に代入することで交点 $\mathbf{X}_i$ が求められる．

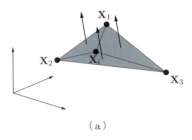
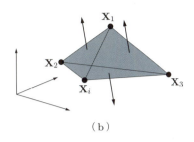

（a）　　　　　　　　　　　　　　　　　　（b）

図 13.2　交点の内外判定（矢印は法線方向を表す）

　つぎにこのようにして求めた交点がポリゴン内に存在するかどうかを判定する．ポリゴンが凸である場合には，この判定は交点とポリゴンの各稜線との位置関係によって行える．すなわち，図 13.2 に示すように，ポリゴンの稜線の始点 $\mathbf{X}_p$，終点 $\mathbf{X}_{p+1}$ と交点 $\mathbf{X}_i$ の 3 点からなる三角形 $\mathbf{X}_p\mathbf{X}_{p+1}\mathbf{X}_i$ の法線ベクトルをこのポリゴンを構成するすべての稜線について計算し，すべての法線ベクトルの符号が図 13.2 (a)のように一致していれば交点 $\mathbf{X}_i$ はポリゴン内に存在し，図 13.2 (b)のように一致していなければポリゴンの外に存在する．そして，交点 $\mathbf{X}_i$ がポリゴン内に存在していれば，これを反射点とする．

13.1.2　光線の反射方向

　つぎに，反射点 $\mathbf{X}_i$ における間接光の反射方向について考える．間接光については鏡面反射のみを考えるため，その反射方向は入射角と反射角が等しいという反射の原理に従って決まる．

　いま，図 13.3 に示すように，i 番目の反射点 $\mathbf{X}_i$ における間接光の反射を考える．入射角と反射角は等しいため，i 番目の反射点における法線ベクトル $\mathbf{N}_i$，i 番目の反射方向 $\mathbf{V}_i$，$i+1$ 番目の反射方向 $\mathbf{V}_{i+1}$ の間には以下の式が成り立つ．

$$\mathbf{V}_i - \mathbf{V}_{i+1} = 2(\mathbf{V}_i \cdot \mathbf{N}_i)\mathbf{N}_i \tag{13.12}$$

したがって，$i+1$ 番目の反射方向 $\mathbf{V}_{i+1}$ は i 番目の反射点における法線ベクトル $\mathbf{N}_i$ と反射方向 $\mathbf{V}_i$ から以下のように求められる．

$$\mathbf{V}_{i+1} = \mathbf{V}_i - 2(\mathbf{V}_i \cdot \mathbf{N}_i)\mathbf{N}_i \tag{13.13}$$

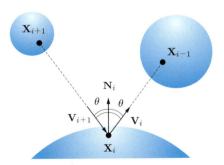

図 13.3　間接光の鏡面反射

このようにして $\mathbf{V}_{i+1}$ が求められれば，$\mathbf{X}_i$ と $\mathbf{V}_{i+1}$ から 13.1.1 項で述べた方法でつぎの反射点 $\mathbf{X}_{i+1}$ を求めることができる．$\mathbf{X}_{i+1}$ が求められれば，$\mathbf{X}_{i+1}$ における法線ベクトル $\mathbf{N}_{i+1}$ と反射方向 $\mathbf{V}_{i+1}$ からつぎの反射方向 $\mathbf{V}_{i+2}$ が本項の方法で求められる．このようにして，視点 $\mathbf{C}$ を起点として反射点の計算と反射方向の計算を交互に繰り返していくことで，反射光を追跡して反射点を順次求めていくことができる．

13.1.3 光線追跡の打ち切り条件

以上の光線追跡の計算は，視点 $\mathbf{C}$ から光源の方向に遡りながら行うが，以下のいずれかの条件を満たした場合には光線の追跡を打ち切る．

① 光線が光源と交差した．
② 光線がどの物体とも交差しなくなった．
③ 光線が鏡面反射しない物体と交差した．
④ 反射回数が規定値に達した．

13.1.4 反射光の計算

以上の光線追跡により各反射点が求められたら，つぎにこれらの反射点における反射光を光源から画像の方向に光線をたどりながら求めていく．

i 番目の反射点 $\mathbf{X}_i$ における反射光 $\mathbf{I}_i$ は，先に述べたように，直接光の反射成分 $\mathbf{I}_i^D$ と $i+1$ 番目の反射点における反射光 $\mathbf{I}_{i+1}$ からつぎのように計算できる．

$$\mathbf{I}_i = \mathbf{I}_i^D + K_i^R \mathbf{I}_{i+1} \tag{13.14}$$

ここで，K_i^R は i 番目の反射点における鏡面反射係数である．また，直接光の反射成分 $\mathbf{I}_i^D$ は，$\mathbf{X}_i$ における法線ベクトル $\mathbf{N}_i$，光源方向 $\mathbf{L}_i$，視点方向 $\mathbf{V}_i$ より式 (9.18) のフォンモデルを用いて計算する．

このようにして計算した $\mathbf{I}_i$ から同様の方法により $\mathbf{I}_{i-1}$ を計算し，さらに $\mathbf{I}_{i-1}$ から $\mathbf{I}_{i-2}$ を計算する．このような反射光の計算を繰り返していき，最終的に $\mathbf{I}_0$ が求められたら，$\mathbf{I}_0$ を画像点 $\mathbf{x}$ の輝度値とする．以上の処理を画像中のすべての点に対して行うことにより，CG 画像が生成できる．

以上の光線追跡と反射光の計算は，13.1.3 項に示した条件を再帰の終了条件とした再帰プログラムにより，効率よく実現できる．

13.2 反射光と屈折光のレイトレーシング

つぎに，ガラスでできたコップのように光を透過する物体を含む場合のレイトレーシングについて考える．

ガラスなどの物質はその表面において光を反射すると同時に光を透過する．その際，光の反射は先に述べた反射の原理に従うが，透過光は物質の表面において**屈折**（refraction）して進む．したがって，よりリアルな CG 画像を生成するためには，光の屈折も正確にモデル化する必要がある．

13.2.1 光線の二分木

いま，図 13.4 に示すように，画像点 **x** に入射する光線を追跡することにする．画像点 **x** に入射する光 $\mathbf{I}_0$ は，点 $\mathbf{X}_1$ における反射光 $\mathbf{I}_1^R$ と屈折光 $\mathbf{I}_1^T$ より求められる．実際には $\mathbf{I}_1^R$ が反射光なのではなく，$\mathbf{I}_1^R$ の反射光と $\mathbf{I}_1^T$ の屈折光が $\mathbf{I}_0$ となるのであるが，ここでは便宜上 $\mathbf{I}_1^R$ を反射光，$\mathbf{I}_1^T$ を屈折光とよぶことにする．同じように，反射光 $\mathbf{I}_1^R$ は点 $\mathbf{X}_2$ における反射光 $\mathbf{I}_2^R$ と屈折光 $\mathbf{I}_2^T$ より求められる．一方，屈折光 $\mathbf{I}_1^T$ は点 $\mathbf{X}_3$ における反射光 $\mathbf{I}_3^R$ と屈折光 $\mathbf{I}_3^T$ より求められる．また，屈折光 $\mathbf{I}_3^T$ は，点 $\mathbf{X}_4$ における反射光 $\mathbf{I}_4^R$ と屈折光 $\mathbf{I}_4^T$ より求められる．以下同様に，一つの光線は物体の境界点において反射光と屈折光に分かれる．この様子は図 13.5 に示すように，光線の二分木として考えることができる．すなわち，光線を追跡するということは光の二分木を生成することに等しく，画像点 **x** に入射する光 $\mathbf{I}_0$ の計算は，この二分木を枝の先から幹に向かって進みながら反射光と屈折光の和を再帰的に計算していくことにより行える．

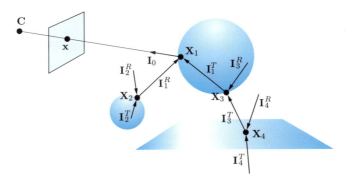

図 13.4　反射光と屈折光のレイトレーシング

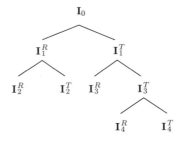

図 13.5　光線の二分木

13.2.2 光線の屈折方向

屈折光を正確にモデル化するためには，屈折方向を求める必要がある．いま，図 13.6 に示すように入射角 θ_1 で光が入射したとき，屈折光の屈折角 θ_2 は以下に示す**スネルの法則**（Snell's law）により求めることができる．

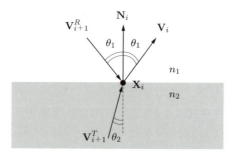

図 13.6   光線の屈折

スネルの法則

屈折率が n_1 の物質と屈折率が n_2 の物質の境界面においては，入射角 θ_1 で入射した光は，以下の式が成り立つように屈折角 θ_2 で屈折する．

$$n_1 \sin \theta_1 = n_2 \sin \theta_2 \tag{13.15}$$

スネルの法則より，それぞれの物質の屈折率 n_1，n_2 が既知であれば，入射光方向 $\mathbf{V}_i$ と屈折率 n_1，n_2 より，屈折方向 $\mathbf{V}_{i+1}^T$ を以下の式より求めることができる．

$$n_1(\mathbf{V}_i \times \mathbf{N}_i) = n_2(\mathbf{V}_{i+1}^T \times \mathbf{N}_i) \tag{13.16}$$

主な物質の屈折率を表 13.1 に示す．

表 13.1   屈折率

空気	1.00
水	1.33
ガラス	1.43〜2.14
水晶	1.54

13.2.3   反射光と屈折光の計算

i 番目の反射屈折点 $\mathbf{X}_i$ における反射屈折光 $\mathbf{I}_i$ は，直接光の反射成分 $\mathbf{I}_i^D$ と反射光 $\mathbf{I}_{i+1}^R$ および屈折光 $\mathbf{I}_{i+1}^T$ から以下のように計算する．

$$\mathbf{I}_i = \mathbf{I}_i^D + K_i^R \mathbf{I}_{i+1}^R + K_i^T \mathbf{I}_{i+1}^T \tag{13.17}$$

ここで，K_i^R および K_i^T は，i 番目の反射屈折点における鏡面反射係数と**透過係数**（transmittance）である．また先と同様に，直接光の反射成分 $\mathbf{I}_i^D$ は，$\mathbf{X}_i$ における法線ベクトル $\mathbf{N}_i$，光源方向 $\mathbf{L}_i$，視点方向 $\mathbf{V}_i$ より，式(9.18)のフォンモデルを用いて計算する．

このようにして，光の二分木に従って枝の先から幹に向かって反射光と屈折光の計算を繰り返していき，最終的に $\mathbf{I}_0$ が求められたら $\mathbf{I}_0$ を画像点 $\mathbf{x}$ の輝度値とする．以上の処理を画像中のすべての点に対して行うことにより，反射と屈折を考慮した CG 画像を生成できる．

図 13.7　レイトレーシングで生成した画像

　図 13.7 は，レイトレーシングにより生成した画像である．ガラスでできたトーラスに対して背景からの光線が屈折して映りこんでいる様子が再現されており，リアリティーの高い CG 画像が生成できている．

第 13 章のポイント

1.　**レイトレーシング**は，光源から放射された光が視点に届くまでの反射や屈折の過程を正確に再現することで，とくに**反射物体**や**透明物体**が存在する情景において高精度な CG 画像を描く方法である．
2.　**反射光のレイトレーシング**では，各反射点において，直接光の鏡面反射成分，直接光の拡散反射成分および間接光の鏡面反射成分より反射光を計算し，これを繰り返して光線を追跡していくことで，CG 画像を生成する．
3.　**反射光と屈折光のレイトレーシング**では，反射光のレイトレーシングに加えて物体内部を屈折しながら透過する光を追跡することで，透明物体や半透明物体が存在する情景を高精度に描く．
4.　レイトレーシングでは，直接光の鏡面反射成分，直接光の拡散反射成分，間接光の鏡面反射成分，屈折光成分などを正確にモデル化した画像が生成できるが，間接光の拡散反射成分は考慮できない．

演習問題

13.1　図 13.8 に示すような 3 次元空間においてレイトレーシングにより視点 $\mathbf{C} = [2, 5, 6]^\top$ における画像を生成したい．画像点 $\mathbf{x}$ に入射する光線を追跡し，反射点 $\mathbf{X}_0$，$\mathbf{X}_1$ および反射光方向 $\mathbf{V}_1$ をそれぞれ求めよ．ただし，点 $\mathbf{X}_0$ から視点 $\mathbf{C}$ へ向かう視線ベクトルは $\mathbf{V}_0 = \dfrac{1}{\sqrt{5}}[0, 1, 2]^\top$ とし，面 Σ_0 は XY 平面，面 Σ_1 は XZ 平面とする．

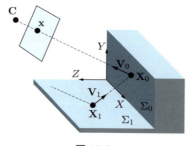

図 13.8

13.2　演習問題 13.1 において面 Σ_0 の拡散反射係数(K_{d0})は 0.2，鏡面反射係数(K_{s0})は 0.5，面 Σ_1 の拡散反射係数(K_{d1})は 0.8，鏡面反射係数(K_{s1})は 0.0 であるとする．これらの面には，光源位置 $\mathbf{S} = [2, 5, 4]$ から $E_L = 1.0$ の強さの光が当たっているとする．このとき，点 $\mathbf{x}$ に入射する光の強さ I_0 を求めよ．ただし，簡単のために直接光反射の計算時には，フォンモデルの鏡面反射成分と環境光反射成分は考えないことにする．

13.3　空気中に水晶玉が置かれており，この水晶玉上の点 $\mathbf{X}$ における法線ベクトルが $\mathbf{N} = \left[\dfrac{\sqrt{2}}{2}, \dfrac{1}{2}, \dfrac{1}{2}\right]^{\top}$ であるとき，この点に入射方向 $\mathbf{V}_1 = \left[\dfrac{1}{2}, \dfrac{\sqrt{2}}{2}, \dfrac{1}{2}\right]^{\top}$ から入射した光の屈折方向 $\mathbf{V}_2$ を求めよ．

第14章

ラジオシティ法

keywords
ラジオシティ法，相互反射，放射光量，発光量，反射光量，形状係数，反射係数

　前章で学んだレイトレーシングでは，直接光の反射のみでなく，間接光の反射成分もモデル化できた．しかし，レイトレーシングでモデル化した間接光の反射は鏡面反射のみであり，間接光の拡散反射成分はモデルに含めることができなかった．そこで本章では，間接光の拡散反射を正確にモデル化できるラジオシティ法について学習する．

14.1　ラジオシティ法とは

　ラジオシティは放射（radiosity）を意味する．**ラジオシティ法**（radiosity method）では，複数の面が3次元空間中に存在する場合に，これらの面どうしの光の授受を，放射エネルギーの平衡状態を考えることによってモデル化する．

　間接光の拡散反射をモデル化するためには，物体上のそれぞれの点において，3次元空間中のありとあらゆる物体上の点から届く間接光に対する反射を考えなければならなくなり，レイトレーシングと比較すると扱うべき光線の数が極端に増加する．また物体上のある点に届いた光は，この点において全方向に拡散反射して戻っていくため，この点と3次元空間中の他の点との間で光が無限に行き来する**相互反射**（inter reflection）をモデル化しなければならなくなる．このように，間接光の拡散反射を考えると，扱うべき光の範囲が極端に増加し，解析が難しくなる．

　この難しい問題を扱うため，ラジオシティ法では，まず図14.1に示すように，光源を含むすべての物体をポリゴン表現で表現する．画像点 $\mathbf{x}$ における明るさを求めるには，この点の投影元である3次元空間中の点 $\mathbf{X}$ から視点 $\mathbf{C}$ 方向に放射される光量を求めればよいが，これは点 $\mathbf{X}$ が存在するポリゴンの全放射光量を計算することによって得られる．このポリゴンと他のポリゴンとは光を相互に反射し合っているため，このポリゴンの全放射光量は，自分自身が発光する発光量と他のポリゴンから届く光を反射する反射光量との和となる．ラジオシティ法では，このような光の受け渡しをすべてのポリゴン間において考え，その光のエネルギーの平衡状態より全ポリゴンの放射光量を同時に推定する．

　ラジオシティ法は，複雑な複数の面どうしの相互反射光を線形計算によって求める

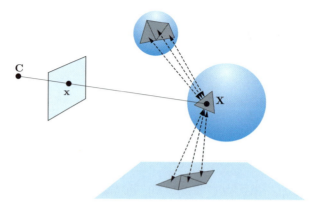

図 14.1　ラジオシティ法

ことができる非常に優れた方法である．一方で，ラジオシティ法では残念ながら鏡面反射成分は扱うことはできない．すなわち，ラジオシティ法は，各点における反射は拡散反射のみであるとの仮定の上に成り立っている．

　以降では，まずラジオシティ法で重要な役割を果たす形状係数について説明し，つぎに二つのポリゴン間における相互反射について考える．最後に，一般の N 個のポリゴンが存在する場合の相互反射について考える．

14.2　形状係数

　二つのポリゴン間での光の受け渡しを考えるためには，一方のポリゴンの視野範囲内において，もう一方のポリゴンがどれだけの範囲を占めているかを表す**形状係数**(form factor)が重要な役割を果たす．あるポリゴンの全視野範囲は，このポリゴンの法線を中心とした半球の範囲であるから，形状係数とはこの半球上においてもう一方のポリゴンがどれだけの範囲を占めているかを表すものである．

　いま，図 14.2 に示すように，A_1 の面積をもつポリゴン P_1 と，A_2 の面積をもつポリゴン P_2 があるとする．それぞれのポリゴンの重心を結ぶ直線を考え，この直線と

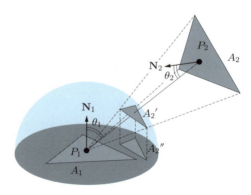

図 14.2　形状係数

ポリゴン P_1 の法線 $\mathbf{N}_1$ との成す角を θ_1, この直線とポリゴン P_2 の法線 $\mathbf{N}_2$ とのなす角を θ_2 とする. また二つのポリゴン間の距離は r であるとする. ここで, P_1 の法線 $\mathbf{N}_1$ を中心とした半径 1 の半球を考える. すると, この半球上においてポリゴン P_2 が占める面積 A_2' は以下のように表すことができる.

$$A_2' = \frac{A_2 \cos \theta_2}{r^2} \tag{14.1}$$

この半球上の占有範囲をポリゴン P_1 の法線方向に射影した面積 A_2'' は, 以下のようになる.

$$A_2'' = \frac{A_2 \cos \theta_1 \cos \theta_2}{r^2} \tag{14.2}$$

半径 1 の円の面積は π であるから, 面積 A_2'' が半径 1 の円において占める割合は, 以下のようになる.

$$F_{12} = \frac{A_2 \cos \theta_1 \cos \theta_2}{\pi r^2} \tag{14.3}$$

この F_{12} が, ポリゴン P_1 におけるポリゴン P_2 の形状係数であり, ポリゴン P_1 の視野範囲においてポリゴン P_2 がどれだけの範囲を占めているかを表している. 同様に考えれば, ポリゴン P_2 の視野範囲においてポリゴン P_1 がどれだけの範囲を占めているかを表す形状係数 F_{21} は, 以下のとおりとなる.

$$F_{21} = \frac{A_1 \cos \theta_1 \cos \theta_2}{\pi r^2} \tag{14.4}$$

式 (14.3) と式 (14.4) より, 形状係数 F_{12} と F_{21} の間には以下の関係があることがわかる.

$$F_{12} A_1 = F_{21} A_2 \tag{14.5}$$

以上を一般化して考えれば, 多数のポリゴンからなるシーンにおいて, i 番目のポリゴン P_i の視野範囲に占める j 番目のポリゴン P_j の割合を表す形状係数 F_{ij} は, 次式のように定義できる.

$$F_{ij} = \frac{A_j \cos \theta_i \cos \theta_j}{\pi r_{ij}^2} \tag{14.6}$$

ここで, r_{ij} は P_i と P_j との重心間距離である. また, 形状係数 F_{ij} と F_{ji} の間には以下の関係が成り立つ.

$$F_{ij} A_i = F_{ji} A_j \tag{14.7}$$

形状係数は, 物体の形状や配置に依存するが, 物体表面の反射係数や光源強度などには依存しない. したがって, 物体の形状と配置を決めた時点で一度形状係数を計算しておけば, その後に光源状況などをいくら変化させても形状係数を再計算する必要はない.

14.3　二つのポリゴン間での光の相互反射

つぎに，図 14.3 に示すように二つのポリゴン P_1，P_2 が存在する場合において，こ
れら二つのポリゴン間での光の相互反射について考える．

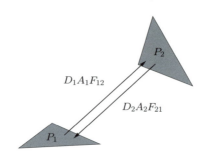

$D_1A_1F_{12}$

$D_2A_2F_{21}$

図 14.3　二つのポリゴン間の相互反射

いま，ポリゴン P_1 の面積を A_1 とし，このポリゴンが発光体 (光源) である場合の単
位面積あたりの発光量を E_1 とする．また，このポリゴンの発光量と反射光量を合わ
せた単位面積あたりの総放射光量を D_1 とする．同様に，ポリゴン P_2 の面積を A_2，
単位面積あたりの発光量を E_2，単位面積あたりの総放射光量を D_2 とする．

ポリゴン P_2 から放射される単位面積あたりの放射光量は D_2 であるから，このポ
リゴン全体から放射される総放射光量は D_2A_2 である．このポリゴン P_2 から放射
される総放射光量のうちでポリゴン P_1 が受け取る受光量は，形状係数 F_{21} を用いて
$D_2A_2F_{21}$ と表せる．したがって，P_2 より受光した光のうちで P_1 が反射する反射光
量は，P_1 の反射係数 ρ_1 を用いれば $\rho_1 D_2 A_2 F_{21}$ と表せる．一方，P_1 が発光体 (光源)
である場合には，P_1 自らが発光する発光量は E_1A_1 である．ポリゴンから放射され
る総放射光量は，自らが発光する発光量と相手のポリゴンが放射した光を反射する反
射光量との和であることから，ポリゴン P_1 が放射する総放射光量 D_1A_1 は，以下の
ように表せる．

$$D_1A_1 = E_1A_1 + \rho_1 D_2 A_2 F_{21} \tag{14.8}$$

式 (14.8) に式 (14.5) を代入して整理すれば，以下の式が得られる．

$$D_1 = E_1 + \rho_1 D_2 F_{12} \tag{14.9}$$

同様に，ポリゴン P_2 の総放射光量を考えれば，次式が得られる．

$$D_2 = E_2 + \rho_2 D_1 F_{21} \tag{14.10}$$

式 (14.9) と式 (14.10) において，反射係数 ρ_1，ρ_2，形状係数 F_{12}，F_{21}，光源としての単
位面積あたりの発光量 E_1，E_2 が既知であるとすると，これらはそれぞれのポリゴン
の放射光量 D_1，D_2 を未知数とする連立方程式となっている．したがって，式 (14.9)
と式 (14.10) を連立して解くことにより，それぞれのポリゴンの放射光量 D_1，D_2 が
以下のように得られる．

$$D_1 = \frac{E_1 + \rho_1 E_2 F_{12}}{1 - \rho_1 \rho_2 F_{12} F_{21}} \tag{14.11}$$

$$D_2 = \frac{E_2 + \rho_2 E_1 F_{21}}{1 - \rho_1 \rho_2 F_{12} F_{21}} \tag{14.12}$$

なお,いずれかのポリゴンが発光体(光源)でない場合には,そのポリゴンの発光量 E_n を 0 とすればよい.

このようにして各ポリゴンの放射光量が求められたら,これを画像に投影することにより,相互反射を考慮した CG 画像を生成できる.

14.4 複数のポリゴン間での光の相互反射

つぎに,図 14.4 に示すように一般の N 個のポリゴンが存在する場合における互いのポリゴン間での光の相互反射について考える.

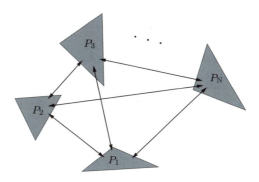

図 14.4 N 個のポリゴン間の相互反射

式(14.9)の放射光量の式において,N 個のポリゴンから受光した光の反射を考えれば,式(14.9)は以下のように拡張できることが容易にわかる.

$$D_1 = E_1 + \rho_1 \sum_{i=1}^{N} D_i F_{1i} \tag{14.13}$$

ただし,同一のポリゴン間での形状係数は次式に示すように 0 であるとする.

$$F_{ii} = 0 \tag{14.14}$$

同様に,ポリゴン P_2 からポリゴン P_N までの式も以下のように得られる.

$$D_2 = E_2 + \rho_2 \sum_{i=1}^{N} D_i F_{2i}$$

$$\vdots$$

$$D_N = E_N + \rho_N \sum_{i=1}^{N} D_i F_{Ni} \tag{14.15}$$

これらの式を $D_1, \ldots, D_N$ について整理すると,次式が得られる.

$$\begin{bmatrix} 1-\rho_1 F_{11} & -\rho_1 F_{12} & \cdots & -\rho_1 F_{1N} \\ -\rho_2 F_{21} & 1-\rho_2 F_{22} & \cdots & -\rho_2 F_{2N} \\ \vdots & & \ddots & \vdots \\ -\rho_N F_{N1} & -\rho_N F_{N2} & \cdots & 1-\rho_N F_{NN} \end{bmatrix} \begin{bmatrix} D_1 \\ D_2 \\ \vdots \\ D_N \end{bmatrix} = \begin{bmatrix} E_1 \\ E_2 \\ \vdots \\ E_N \end{bmatrix} \tag{14.16}$$

式 (14.16) を以下のようにおくことにする.

$$\mathbf{MD} = \mathbf{E} \tag{14.17}$$

ここで, 反射係数と形状係数が既知であると仮定すると, 行列 $\mathbf{M}$ の中身は既知である. また, 各ポリゴン自身の発光量も既知であるとすると, ベクトル $\mathbf{E}$ も既知である. したがって, N 個のポリゴンのそれぞれの放射光量 $\mathbf{D} = [D_1, D_2, \ldots, D_N]^\top$ は, 次式のように求めることができる.

$$\mathbf{D} = \mathbf{M}^{-1}\mathbf{E} \tag{14.18}$$

このように, ラジオシティ法では, 複雑な相互反射のもとでのそれぞれのポリゴンの放射光量が線形方程式を解くことで簡単に求められる. 各ポリゴンの放射光量が求められたら, これを画像に投影することにより, 物体間での相互反射を考慮した CG 画像が生成できる.

図 14.5 は, ポリゴン表現で表現された物体どうしの相互反射をラジオシティ法を用いて計算して描いた CG 画像である. 球と床面との間の相互反射によって, 光源からの直接光がまったく当たらない球の床面付近の面も薄明るく照らされている. 第 11 章の図 11.8 のソフトシャドウと比較すると, 相互反射を考慮することで, より実際の状況に則した映像生成が行えることがわかる.

図 14.5　ラジオシティ法で生成した画像

図 14.6 は, 窓の外から光が差し込んでいる情景をラジオシティ法で生成した例である. 窓から差し込んだ光が床や壁や階段などで相互に反射し合い, 複雑な陰影を生成する様子が再現されている. たとえば, 窓側の壁などは窓から入った光が直接当たることのない面であるが, 床や他の壁面との間で相互反射し合うことで, ぼやっと明るく照らされている. また, 廊下の奥のほうも窓から入った光は直接当たらないが, その他の面と相互反射し合うことで薄明るく照らされている. このように, ラジオシティ法は, シーン中の光の全エネルギーの平衡状態を線形計算によって求めることができ, この結果, 複雑な相互反射を正確に画像化できる非常に優れた方法である.

図 14.6　ラジオシティ法で生成した画像

第 14 章のポイント

1. **ラジオシティ法**では，シーンを複数の微小なポリゴンの集合で表現し，これらのポリゴン間での光の授受の平衡状態を考えることで，シーン全体の光をモデル化する.

2. ラジオシティ法を用いることにより，複数の物体間の複雑な**相互反射**を考慮した CG 画像を線形計算によって生成できる.

3. 一方のポリゴンからもう一方のポリゴンがどれだけ見えるかを表す係数を**形状係数**とよぶ. 形状係数は，3 次元物体の形状や配置のみに依存し，物体表面の反射係数や光源強度などには依存しない.

演習問題

以下の三つのポリゴン（P_1，P_2，P_3）の間の相互反射をラジオシティ法で考えることにする. なお，P_i から見た P_j の形状係数 F_{ij} は，$F_{12} = \dfrac{1}{3}$，$F_{13} = 0$，$F_{23} = \dfrac{1}{3}$ とする.

表 14.1

	P_1	P_2	P_3
面積	3	2	1
反射係数	$\dfrac{1}{2}$	1	1
単位面積あたり発光量	$\dfrac{2}{3}$	$\dfrac{1}{2}$	0

14.1　形状係数 F_{21}，F_{31}，F_{32} を求めよ.

14.2　三つのポリゴンの単位面積あたりの放射光量 D_1，D_2，D_3 を求めよ.

さらなる勉強のために

　コンピュータグラフィックス分野では多くのハウツー本が出ており，表面的な知識であればこれらの本でいくらでも得られる．しかし，読者の皆さんには背景の理論からきちんと理解し，新しい技術や理論を開発できる能力をぜひ養っていただきたい．以下では，本分野や関連分野をより深く学習するための参考図書を紹介する．

グラフィックスの数理

　コンピュータグラフィックスで必要となる諸々の数理を勉強するには以下の本がよい．

[1] 杉原厚吉：グラフィックスの数理，情報数学講座 13，共立出版

コンピュータグラフィックスのアルゴリズム

　コンピュータグラフィックスの諸々のアルゴリズムの詳細については以下の本が参考になる．

[2] James D. Foley, Andries van Dam, Steven K. Feiner, John F. Hughes（佐藤義雄 監訳）：コンピュータグラフィックス　理論と実践，オーム社

数式に基づく形状表現

　数式に基づく形状表現については以下の本が詳しい．

[3] G. Farin（山口泰 訳）：CAGD のための曲線・曲面理論　実践的利用法，共立出版
[4] 今野晃市：3 次元形状処理入門－3 次元 CG と CAD への基礎－，サイエンス社

投影と射影幾何

　射影幾何に基づく投影理論については以下の本の第 2 章などが参考になる．

[5] 佐藤淳：コンピュータビジョン－視覚の幾何学－，コロナ社

色と光の知覚

　色覚や光の知覚などについては以下の本が詳しい．

[6] 日本色彩学会（編）：色彩科学ハンドブック，東京大学出版会
[7] 池田光男：色彩工学の基礎，朝倉書店

間接光の反射屈折

　レイトレーシングでは間接光の鏡面反射しか扱えず，ラジオシティ法では間接光の拡散反射しか扱えないのに対して，近年では間接光の鏡面反射と拡散反射を同時に扱うことのできる方法も開発されている．これらの方法については以下の本が参考になる．

[8] Henrik Wann Jensen（苗村健 訳）：フォトンマッピングー実写に迫るコンピュータグラフィックスー，オーム社

コンピュータビジョン

　第1章においてコンピュータグラフィックスの逆問題であるコンピュータビジョンについて述べたが，コンピュータビジョンについて詳しく知りたい読者には以下の本が参考になる．

[9] 佐藤淳：コンピュータビジョンー視覚の幾何学ー，コロナ社

CG 全般

　その他，CG 全般に関する参考図書として以下を挙げておく．

[10] コンピュータグラフィックス編集委員会(監)：コンピュータグラフィックス[改訂新版]，画像情報教育振興協会(CG‐ARTS協会)

[11] 青木由直：コンピュータグラフィックス講義，コロナ社

[12] 水上孝一：コンピュータグラフィックスー情報化社会と映像ー，朝倉書店

[13] 魏大名，先田和弘，Roman Durikovic，向井信彦，Carl Vilbrandt：コンピュータグラフィックス，オーム社

演習問題解答

第 2 章

2.1 ワイヤーフレームモデルは，データ構造が非常にシンプルである．一方で，このモデルでは面の情報をもっていないため，面の有無を表現できず，隠れ線や隠れ面を適切に表現できない．また，線と面との交差判定や面どうしの交差判定などを行うことができない．

　　サーフェスモデルは，隠れ線や隠れ面を正しく隠して表現できる．また，線と面との交差判定や面どうしの交差判定を正しく行うことができる．一方で，複数の物体どうしが空間中で干渉し合っているかどうか体積の交差判定を行うことができない．

　　ソリッドモデルは，複数の物体どうしが空間中で干渉し合っているかどうかの体積の交差判定を行うことができる．一方で，データ構造がワイヤーフレームモデルやサーフェスモデルよりも複雑になる．

2.2　ウィングドエッジデータ構造により表現すると，解表 2.1 のとおりとなる．

解表 2.1

稜線	始点	終点	左面	右面	左稜線	右稜線
E_1	V_1	V_2	F_1	F_3	E_2	$-E_7$
E_2	V_2	V_3	F_1	F_4	E_3	$-E_8$
E_3	V_3	V_1	F_1	F_5	E_1	$-E_9$
E_4	V_4	V_5	F_3	F_2	$-E_8$	E_6
E_5	V_5	V_6	F_4	F_2	$-E_9$	E_4
E_6	V_6	V_4	F_5	F_2	$-E_7$	E_5
E_7	V_1	V_4	F_3	F_5	E_4	E_3
E_8	V_2	V_5	F_4	F_3	E_5	E_1
E_9	V_3	V_6	F_5	F_4	E_6	E_2

2.3　この物体の有向面表は，2.5.2 項で述べた手順より解表 2.2 のとおりに得られる．

解表 2.2

面	有向稜線			
F_1	E_2	E_3	E_1	
F_2	$-E_6$	$-E_5$	$-E_4$	
F_3	E_7	E_4	$-E_8$	$-E_1$
F_4	E_8	E_5	$-E_9$	$-E_2$
F_5	E_9	E_6	$-E_7$	$-E_3$

2.4 点 $\mathbf{X}$ がこの 3 次元形状中に存在するのは，点 $\mathbf{X}$ がプリミティブ A と B との和の中に存在せず，かつ，プリミティブ C の中に存在する場合である．したがって，以下の論理式が真であるとき，点 $\mathbf{X}$ はこの 3 次元物体中に存在する．

$$\overline{(X_A + X_B)} \cdot X_C = \overline{X_A} \cdot \overline{X_B} \cdot X_C \tag{1}$$

第 3 章

3.1 トーラスのパラメトリック表現より，$X^2 + Y^2$ は以下となる．

$$X^2 + Y^2 = (R_1 + R_2 \cos s)^2 \tag{2}$$

$R_1 > R_2$ であるから，$R_1 + R_2 \cos s$ は正の値をとるため，

$$R_1 + R_2 \cos s = \sqrt{X^2 + Y^2} \tag{3}$$

となる．したがって，つぎの式が得られる．

$$\left(\sqrt{X^2 + Y^2} - R_1\right)^2 + Z^2 - R_2^2 = 0 \tag{4}$$

これがトーラスの陰関数表現である．

3.2 バーンスタイン関数の定義に従って計算すれば，$B_i^4(t)$ は以下のようになる．

$$B_0^4(t) = (1-t)^4$$
$$B_1^4(t) = 4(1-t)^3 t$$
$$B_2^4(t) = 6(1-t)^2 t^2$$
$$B_3^4(t) = 4(1-t)t^3$$
$$B_4^4(t) = t^4$$

3.3 0 次の B スプライン関数は，$2 \leq t < 3$ においては $S_2^0 = 1$, $S_0^0 = S_1^0 = S_3^0 = S_4^0 = 0$ であるから，ノットベクトルが $\mathbf{T} = [0, 0, 0, 1, 1, 1]$ のノンユニフォーム B スプライン曲線の 1 次基底関数 S_i^1 は以下のようになる．

$$S_0^1(t) = \frac{t - t_0}{t_1 - t_0} S_0^0(t) + \frac{t_2 - t}{t_2 - t_1} S_1^0(t) = 0$$

$$S_1^1(t) = \frac{t - t_1}{t_2 - t_1} S_1^0(t) + \frac{t_3 - t}{t_3 - t_2} S_2^0(t) = 1 - t$$

$$S_2^1(t) = \frac{t - t_2}{t_3 - t_2} S_2^0(t) + \frac{t_4 - t}{t_4 - t_3} S_3^0(t) = t$$

$$S_3^1(t) = \frac{t - t_3}{t_4 - t_3} S_3^0(t) + \frac{t_5 - t}{t_5 - t_4} S_4^0(t) = 0$$

したがって，このノンユニフォーム B スプライン曲線の 2 次基底関数 S_i^2 は以下となる.

$$S_0^2(t) = \frac{t-t_0}{t_2-t_0}S_0^1(t) + \frac{t_3-t}{t_3-t_1}S_1^1(t) = (1-t)S_1^1(t) = (1-t)^2$$

$$S_1^2(t) = \frac{t-t_1}{t_3-t_1}S_1^1(t) + \frac{t_4-t}{t_4-t_2}S_2^1(t) = tS_1^1(t) + (1-t)S_2^1(t) = 2t(1-t)$$

$$S_2^2(t) = \frac{t-t_2}{t_4-t_2}S_2^1(t) + \frac{t_5-t}{t_5-t_3}S_3^1(t) = tS_2^1(t) = t^2$$

これらの 2 次基底関数は 2 次ベジェ曲線のバーンスタイン関数と一致していることから，ノットベクトルが $\mathbf{T} = [0,0,0,1,1,1]$ の 2 次ノンユニフォーム B スプライン曲線は 2 次ベジェ曲線となることがわかる.

第 4 章

4.1

$$\widetilde{\mathbf{x}}_1 = \begin{bmatrix} 1 \\ 0 \\ 0 \end{bmatrix}, \qquad \widetilde{\mathbf{x}}_2 = \begin{bmatrix} 0 \\ 1 \\ 0 \end{bmatrix}, \qquad \widetilde{\mathbf{x}}_3 = \begin{bmatrix} 5 \\ 3 \\ 0 \end{bmatrix} \tag{5}$$

4.2 無限遠点 $\mathbf{x} = [x, y, 0]^\top$ に対して並進を行うと，変換後の点 $\mathbf{x}'$ の同次座標は以下のようになる.

$$\widetilde{\mathbf{x}}' = \begin{bmatrix} 1 & 0 & t_x \\ 0 & 1 & t_y \\ 0 & 0 & 1 \end{bmatrix} \begin{bmatrix} x \\ y \\ 0 \end{bmatrix} = \begin{bmatrix} x \\ y \\ 0 \end{bmatrix} \tag{6}$$

したがって，無限遠点に並進を加えても無限遠点は変化しない.

4.3 同次座標を用いて点 $\mathbf{x}$ から点 $\mathbf{x}'$ への射影変換を記述すると以下のとおりとなる.

$$\widetilde{\mathbf{x}}' = \mathbf{H}\widetilde{\mathbf{x}} = \begin{bmatrix} 1 & 0 & 2 \\ 1 & 1 & 5 \\ 2 & -1 & 1 \end{bmatrix} \begin{bmatrix} 4 \\ 3 \\ 1 \end{bmatrix} = \begin{bmatrix} 6 \\ 12 \\ 6 \end{bmatrix} \tag{7}$$

したがって，変換後の点 $\mathbf{x}'$ は以下のような座標値となる.

$$\mathbf{x}' = \begin{bmatrix} \frac{6}{6} \\ \frac{12}{6} \end{bmatrix} = \begin{bmatrix} 1 \\ 2 \end{bmatrix} \tag{8}$$

4.4 2 次元点を，まず $[-5, -2]^\top$ だけ並進し，つぎに 30° 回転し，最後に $[5, 2]^\top$ 並進すれば，点 $[5, 2]^\top$ を中心に 30° 回転することができる. したがって，このような変換行列 $\mathbf{M}$ は以下のように表せる.

$$\mathbf{M} = \begin{bmatrix} 1 & 0 & 5 \\ 0 & 1 & 2 \\ 0 & 0 & 1 \end{bmatrix} \begin{bmatrix} \cos 30° & -\sin 30° & 0 \\ \sin 30° & \cos 30° & 0 \\ 0 & 0 & 1 \end{bmatrix} \begin{bmatrix} 1 & 0 & -5 \\ 0 & 1 & -2 \\ 0 & 0 & 1 \end{bmatrix} = \begin{bmatrix} \frac{\sqrt{3}}{2} & -\frac{1}{2} & 6-\frac{5\sqrt{3}}{2} \\ \frac{1}{2} & \frac{\sqrt{3}}{2} & -\frac{1}{2}-\sqrt{3} \\ 0 & 0 & 1 \end{bmatrix} \tag{9}$$

4.5 これは座標変換の問題である. 元の座標系に対して 60° 回転して $[10, 3]^\top$ 並進した座標系では，元の座標系において $[2, 6]^\top$ の座標値をもつ点の座標は，$[2, 6]^\top$ を $[-10, -3]^\top$ 並

進した後, $-60°$ 回転したものとなる. したがって, 座標値は以下となる.

$$
\begin{bmatrix} \cos(-60°) & -\sin(-60°) & 0 \\ \sin(-60°) & \cos(-60°) & 0 \\ 0 & 0 & 1 \end{bmatrix} \begin{bmatrix} 1 & 0 & -10 \\ 0 & 1 & -3 \\ 0 & 0 & 1 \end{bmatrix} \begin{bmatrix} 2 \\ 6 \\ 1 \end{bmatrix} = \begin{bmatrix} -4 + \dfrac{3\sqrt{3}}{2} \\ \dfrac{3}{2} + 4\sqrt{3} \\ 1 \end{bmatrix} \tag{10}
$$

第 5 章

5.1 $[3, 7, 2, 1]^{\top}$ と $[X_1, X_2, X_3, 3]^{\top}$ とは同値であるから以下の式が成り立つ.

$$
\lambda \begin{bmatrix} 3 \\ 7 \\ 2 \\ 1 \end{bmatrix} = \begin{bmatrix} X_1 \\ X_2 \\ X_3 \\ 3 \end{bmatrix} \tag{11}
$$

よって, $\lambda = 3$ である. したがって, 求める同次座標はつぎのようになる.

$$
3 \begin{bmatrix} 3 \\ 7 \\ 2 \\ 1 \end{bmatrix} = \begin{bmatrix} 9 \\ 21 \\ 6 \\ 3 \end{bmatrix} \tag{12}
$$

5.2 この物体に対して, 座標原点への並進 $[-5, -10, 0]^{\top}$ を加えたのち, X 軸回りに $30°$ 回転し, その後 $[10, 0, 2]^{\top}$ の位置に並進すればよい. したがって, 行列 M は以下のようになる.

$$
\begin{aligned}
\mathbf{M} &= \begin{bmatrix} 1 & 0 & 0 & 10 \\ 0 & 1 & 0 & 0 \\ 0 & 0 & 1 & 2 \\ 0 & 0 & 0 & 1 \end{bmatrix} \begin{bmatrix} 1 & 0 & 0 & 0 \\ 0 & \cos 30° & -\sin 30° & 0 \\ 0 & \sin 30° & \cos 30° & 0 \\ 0 & 0 & 0 & 1 \end{bmatrix} \begin{bmatrix} 1 & 0 & 0 & -5 \\ 0 & 1 & 0 & -10 \\ 0 & 0 & 1 & 0 \\ 0 & 0 & 0 & 1 \end{bmatrix} \\
&= \begin{bmatrix} 1 & 0 & 0 & 5 \\ 0 & \dfrac{\sqrt{3}}{2} & -\dfrac{1}{2} & -5\sqrt{3} \\ 0 & \dfrac{1}{2} & \dfrac{\sqrt{3}}{2} & -3 \\ 0 & 0 & 0 & 1 \end{bmatrix}
\end{aligned} \tag{13}
$$

5.3 3×3 の回転行列 $\mathbf{R}$ を三つの列ベクトル $\mathbf{r}_1$, $\mathbf{r}_2$, $\mathbf{r}_3$ を用いて, $\mathbf{R} = [\mathbf{r}_1, \mathbf{r}_2, \mathbf{r}_3]$ と表すことにする. すると, 題意より以下が成り立つ.

$$
\begin{bmatrix} \mathbf{X}_1 \\ 0 \end{bmatrix} \sim \begin{bmatrix} \mathbf{r}_1 & \mathbf{r}_2 & \mathbf{r}_3 & \mathbf{0} \\ 0 & 0 & 0 & 1 \end{bmatrix} \begin{bmatrix} 1 \\ 0 \\ 0 \\ 0 \end{bmatrix}, \qquad \begin{bmatrix} \mathbf{X}_2 \\ 0 \end{bmatrix} \sim \begin{bmatrix} \mathbf{r}_1 & \mathbf{r}_2 & \mathbf{r}_3 & \mathbf{0} \\ 0 & 0 & 0 & 1 \end{bmatrix} \begin{bmatrix} 0 \\ 1 \\ 0 \\ 0 \end{bmatrix} \tag{14}
$$

したがって, $\mathbf{X}_1$, $\mathbf{X}_2$ と $\mathbf{r}_1$, $\mathbf{r}_2$ の間には以下の同値関係がある.

$$
\mathbf{X}_1 \sim \mathbf{r}_1, \qquad \mathbf{X}_2 \sim \mathbf{r}_2 \tag{15}
$$

回転行列の列ベクトルはいずれも単位ベクトルであることから, $\mathbf{r}_1$, $\mathbf{r}_2$ は以下のように表せる.

$$\mathbf{r}_1 = \pm \frac{\mathbf{X}_1}{\|\mathbf{X}_1\|}, \qquad \mathbf{r}_2 = \pm \frac{\mathbf{X}_2}{\|\mathbf{X}_2\|} \tag{16}$$

$\mathbf{r}_3$ は $\mathbf{r}_1$ と $\mathbf{r}_2$ に直行する単位ベクトルであるから，回転行列 $\mathbf{M}_R$ は以下の 4 通りが考えられる．

$$\begin{bmatrix} \dfrac{\mathbf{X}_1}{\|\mathbf{X}_1\|} & \dfrac{\mathbf{X}_2}{\|\mathbf{X}_2\|} & \dfrac{\mathbf{X}_1 \times \mathbf{X}_2}{\|\mathbf{X}_1 \times \mathbf{X}_2\|} & \mathbf{0} \\ 0 & 0 & 0 & 1 \end{bmatrix}, \qquad \begin{bmatrix} \dfrac{\mathbf{X}_1}{\|\mathbf{X}_1\|} & -\dfrac{\mathbf{X}_2}{\|\mathbf{X}_2\|} & -\dfrac{\mathbf{X}_1 \times \mathbf{X}_2}{\|\mathbf{X}_1 \times \mathbf{X}_2\|} & \mathbf{0} \\ 0 & 0 & 0 & 1 \end{bmatrix},$$

$$\begin{bmatrix} -\dfrac{\mathbf{X}_1}{\|\mathbf{X}_1\|} & \dfrac{\mathbf{X}_2}{\|\mathbf{X}_2\|} & -\dfrac{\mathbf{X}_1 \times \mathbf{X}_2}{\|\mathbf{X}_1 \times \mathbf{X}_2\|} & \mathbf{0} \\ 0 & 0 & 0 & 1 \end{bmatrix}, \qquad \begin{bmatrix} -\dfrac{\mathbf{X}_1}{\|\mathbf{X}_1\|} & -\dfrac{\mathbf{X}_2}{\|\mathbf{X}_2\|} & \dfrac{\mathbf{X}_1 \times \mathbf{X}_2}{\|\mathbf{X}_1 \times \mathbf{X}_2\|} & \mathbf{0} \\ 0 & 0 & 0 & 1 \end{bmatrix} \tag{17}$$

5.4 3 次元空間における無限遠点は一般に $\widetilde{\mathbf{X}} = [X_1, X_2, X_3, 0]^\top$ と表せる．この点は式 (5.21) より以下のように扇形変形される．

$$\begin{bmatrix} X_1 \\ X_2 \\ X_3 \\ \alpha X_1 + \beta X_2 + \gamma X_3 \end{bmatrix} = \begin{bmatrix} 1 & 0 & 0 & 0 \\ 0 & 1 & 0 & 0 \\ 0 & 0 & 1 & 0 \\ \alpha & \beta & \gamma & 1 \end{bmatrix} \begin{bmatrix} X_1 \\ X_2 \\ X_3 \\ 0 \end{bmatrix}$$

α, β, γ が 0 ではないことから，変換後の点の座標の第 4 項 $\alpha X_1 + \beta X_2 + \gamma X_3$ は 0 ではない．したがって，変換後の点は無限遠点ではなく，有限な点であることがわかる．

第 6 章

6.1 正射影の式 (6.1) および式 (6.2) に従えば，$[2, 6, -4]^\top$ の座標をもつ点の像は以下のとおりとなる．

$$\begin{bmatrix} x \\ y \end{bmatrix} = \begin{bmatrix} 2 \\ 6 \end{bmatrix} \tag{18}$$

また，透視投影の式 (6.3) および式 (6.4) に従えば，この点の像は以下のとおりとなる．

$$\begin{bmatrix} x \\ y \end{bmatrix} = \begin{bmatrix} -2 \cdot \dfrac{2}{-4} \\ -2 \cdot \dfrac{6}{-4} \end{bmatrix} = \begin{bmatrix} 1 \\ 3 \end{bmatrix} \tag{19}$$

6.2 まず，式 (6.14) に基づいてこのカメラの投影行列 $\mathbf{P}$ を求めると以下のとおりとなる．

$$\mathbf{P} = \begin{bmatrix} -1 & 0 & 0 & 0 \\ 0 & -1 & 0 & 0 \\ 0 & 0 & 1 & 0 \end{bmatrix} \begin{bmatrix} \cos 30° & \sin 30° & 0 & 0 \\ -\sin 30° & \cos 30° & 0 & 0 \\ 0 & 0 & 1 & 0 \\ 0 & 0 & 0 & 1 \end{bmatrix} \begin{bmatrix} 1 & 0 & 0 & -5 \\ 0 & 1 & 0 & -2 \\ 0 & 0 & 1 & -7 \\ 0 & 0 & 0 & 1 \end{bmatrix}$$

$$= \begin{bmatrix} -\dfrac{\sqrt{3}}{2} & -\dfrac{1}{2} & 0 & \dfrac{2 + 5\sqrt{3}}{2} \\ \dfrac{1}{2} & -\dfrac{\sqrt{3}}{2} & 0 & \dfrac{-5 + 2\sqrt{3}}{2} \\ 0 & 0 & 1 & -7 \end{bmatrix} \tag{20}$$

したがって，投影像 $\mathbf{x}$ の同次座標はつぎのようになる．

$$\widetilde{\mathbf{x}} = \begin{bmatrix} -\dfrac{\sqrt{3}}{2} & -\dfrac{1}{2} & 0 & \dfrac{2+5\sqrt{3}}{2} \\ \dfrac{1}{2} & -\dfrac{\sqrt{3}}{2} & 0 & \dfrac{-5+2\sqrt{3}}{2} \\ 0 & 0 & 1 & -7 \end{bmatrix} \begin{bmatrix} 4 \\ 2 \\ 3 \\ 1 \end{bmatrix} = \begin{bmatrix} \dfrac{\sqrt{3}}{2} \\ -\dfrac{1}{2} \\ -4 \end{bmatrix} \tag{21}$$

以上より，投影像 $\mathbf{x}$ の座標は以下のとおりとなる．

$$\mathbf{x} = \begin{bmatrix} \dfrac{\frac{\sqrt{3}}{2}}{-4} \\ \dfrac{-\frac{1}{2}}{-4} \end{bmatrix} = \begin{bmatrix} -\dfrac{\sqrt{3}}{8} \\ \dfrac{1}{8} \end{bmatrix} \tag{22}$$

6.3 消失点は無限遠点の投影像であった．そこで，無限遠点の同次座標を $\widetilde{\mathbf{X}}_\infty = [X, Y, Z, 0]^\top$ で表すことにする．すると，カメラ運動後の $\widetilde{\mathbf{X}}_\infty$ の像は次式のように表せる．

$$\widetilde{\mathbf{x}} = \mathbf{P}_f \mathbf{M}_R \mathbf{M}_T \widetilde{\mathbf{X}}_\infty \tag{23}$$

$\widetilde{\mathbf{X}}_\infty$ の第 4 項は 0 であることから，式(23)は次式のように変形できる．

$$\widetilde{\mathbf{x}} = \mathbf{P}_f \mathbf{M}_R \widetilde{\mathbf{X}}_\infty \tag{24}$$

カメラの運動前後でいずれの消失点も変化しないことから，任意の X, Y, Z について以下が成り立つ．

$$\mathbf{P}_f \mathbf{M}_R \widetilde{\mathbf{X}}_\infty \sim \mathbf{P}_f \widetilde{\mathbf{X}}_\infty \tag{25}$$

$\mathbf{M}_R$ をカメラの回転 $\mathbf{R}_C$ を使って式(6.10)のように表せば，上式より次式が得られる．

$$\mathbf{R}_C^{-1} \mathbf{X} \sim \mathbf{X} \tag{26}$$

ただし，$\mathbf{X} = [X, Y, Z]^\top$ である．任意の $\mathbf{X}$ に対して上式が成り立つことから，$\mathbf{R}_C$ は単位行列である．すなわち，いずれの消失点も変化しないカメラ運動は，回転のない純粋な並進運動である．

第 7 章

7.1 視線ベクトル $\mathbf{V}$ とそれぞれのポリゴンの法線ベクトル $\mathbf{N}_1$, $\mathbf{N}_2$, $\mathbf{N}_3$ との内積をとると以下のとおりとなる．

$$\mathbf{V} \cdot \mathbf{N}_1 = -\frac{2}{15} \tag{27}$$

$$\mathbf{V} \cdot \mathbf{N}_2 = \sqrt{\frac{2}{3}} \tag{28}$$

$$\mathbf{V} \cdot \mathbf{N}_3 = -\frac{4}{9} \tag{29}$$

したがって，P_2 は表示し，P_1 と P_3 は表示しない．

7.2 Z バッファの値の変化は，解表 7.1 に示すとおりである．また，最終的に $\mathbf{x}$ に描画される点は，解表 7.1 において Z 座標が最小の $\mathbf{X}_4$ である．

7.3 視点 $\mathbf{C}$ と視線ベクトル $\mathbf{V}$ を式(13.11)の $\mathbf{X}_{n-1}$ と $\mathbf{V}_n$ とし，それぞれのポリゴンとの交点に関する α を式(13.11)より求め，α が最小となる交点を選べばよい．それぞれのポリゴンとの交点に関する α は以下のとおりとなる．

$$\alpha_1 = \frac{\mathbf{N}_1 \cdot \mathbf{C} - d_1}{\mathbf{N}_1 \cdot \mathbf{V}} = 5, \quad \alpha_2 = \frac{\mathbf{N}_2 \cdot \mathbf{C} - d_2}{\mathbf{N}_2 \cdot \mathbf{V}} = 4, \quad \alpha_3 = \frac{\mathbf{N}_3 \cdot \mathbf{C} - d_3}{\mathbf{N}_3 \cdot \mathbf{V}} = 3\sqrt{2}$$

解表 7.1

	$\mathbf{X}_1$	$\mathbf{X}_2$	$\mathbf{X}_3$	$\mathbf{X}_4$	$\mathbf{X}_5$
Z 座標	45	61	30	26	38
Z バッファの値	45	45	30	26	26

α_2 が最小であることから $\mathbf{X}_2$ が隠面処理によって描かれる点である.

第 8 章

8.1　マゼンタとイエローを減算混色すればよい.

8.2　この RGB プロジェクタは赤,青,緑の加算混色で色を表示するため,マゼンタを表示しようとすると,赤と青が発光する.ところが,スクリーン上には青色が表示されたことから,このプロジェクタは青は正しく発光するが赤は発光していないことがわかる.つぎに,緑と青の加算混色で表現されるシアンを投影したら正しくシアンが表示されたことから,このプロジェクタでは緑も正しく発光していることがわかる.したがって,赤と緑の加算混色で表現されるイエローをこのプロジェクタから投影した場合には,緑色がスクリーン上に現れる.

8.3　式(8.8)より,XYZ 表色系における値がつぎのように求められる.

$$\begin{bmatrix} X \\ Y \\ Z \end{bmatrix} = \begin{bmatrix} 2.7689 & 1.7517 & 1.1302 \\ 1.0000 & 4.5907 & 0.0601 \\ 0.0000 & 0.0565 & 5.5943 \end{bmatrix} \begin{bmatrix} 0 \\ 1 \\ 0 \end{bmatrix} = \begin{bmatrix} 1.7517 \\ 4.5907 \\ 0.0565 \end{bmatrix}$$

したがって,xyY 表色系では式(8.10)と式(8.11)よりつぎのようになる.

$$x = \frac{1.7517}{1.7517 + 4.5907 + 0.0565} = 0.27375 \tag{30}$$

$$y = \frac{1.7517}{1.7517 + 4.5907 + 0.0565} = 0.71742 \tag{31}$$

$$Y = 4.5907 \tag{32}$$

8.4　式(8.7)より,つぎのように求められる.

$$\begin{bmatrix} R \\ G \\ B \end{bmatrix} = \begin{bmatrix} 1 \\ 1 \\ 1 \end{bmatrix} - \begin{bmatrix} C \\ M \\ Y \end{bmatrix} = \begin{bmatrix} 1 \\ 1 \\ 1 \end{bmatrix} - \begin{bmatrix} 0.9 \\ 0.2 \\ 0.5 \end{bmatrix} = \begin{bmatrix} 0.1 \\ 0.8 \\ 0.5 \end{bmatrix} \tag{33}$$

8.5　$MAX = 1$,$MIN = 0.2$ であり,また G がもっとも大きいことから,式(8.12)〜(8.14)よりつぎのように求められる.

$$H = \frac{60(B-R)}{MAX - MIN} + 120 = \frac{60(0.2 - 0.4)}{1 - 0.2} + 120 = 105 \tag{34}$$

$$S = \frac{1 - 0.2}{1} = 0.8 \tag{35}$$

$$V = 1 \tag{36}$$

第 9 章

9.1　「第 9 章のポイント」の 2 を参照.

9.2　$K_s = 0$ であるため，ランバートモデルで考えればよい.式(9.16)のランバートモデルより，つぎのようになる.

$$\mathbf{I} = \begin{bmatrix} I_R \\ I_G \\ I_B \end{bmatrix} = \cos 60^\circ \begin{bmatrix} 1 & 0 & 0 \\ 0 & 0 & 0 \\ 0 & 0 & 0.5 \end{bmatrix} \begin{bmatrix} 1 \\ 1 \\ 1 \end{bmatrix} = \begin{bmatrix} 0.5 \\ 0 \\ 0.25 \end{bmatrix} \tag{37}$$

9.3　式(9.18)のフォンモデルより，次式が成り立つ.

$$\begin{bmatrix} 0.5 \\ 0 \\ 0.1 \end{bmatrix} = \cos\theta \begin{bmatrix} 0.8 & 0 & 0 \\ 0 & 0 & 0 \\ 0 & 0 & 0 \end{bmatrix} \begin{bmatrix} 1 \\ 0 \\ 1 \end{bmatrix} + 0.2\cos^2\psi \begin{bmatrix} 1 \\ 0 \\ 1 \end{bmatrix} \tag{38}$$

式(38)第 3 行より,

$$\cos^2\psi = 0.5 \tag{39}$$

粗さ係数の意味合いより，$\cos\psi$ は正の範囲でのみ考えるので，つぎのように表せる.

$$\cos\psi = \frac{1}{\sqrt{2}} \tag{40}$$

ψ は 0 度から 90 度の範囲で求めるので，$\psi = 45^\circ$ である.一方，式(38)第 1 行より,

$$0.8\cos\theta + 0.2\cos^2\psi = 0.5 \tag{41}$$

となり，したがって,

$$\cos\theta = 0.5 \tag{42}$$

となる.θ は 0 度から 90 度の範囲で求めるので，$\theta = 60^\circ$ である.

第 10 章

10.1　①はポリゴン表現による曲面物体なので，滑らかな曲面を表現するためにグローシェーディングかフォンシェーディングを用いる必要がある.また，光沢もあるので鏡面反射も正しく描く必要がある.したがって，フォンシェーディングを用いるべきである.②は多面体なのでシュブルール錯視の問題は生じない.したがって，もっとも計算コストの小さいコンスタントシェーディングを用いるべきである.また，グローシェーディングやフォンシェーディングを用いると，ポリゴン内で輝度が傾斜し，逆により不正確な画像となってしまう.③は曲面物体であり，光沢もないので，グローシェーディングかフォンシェーディングで陰影を付ければよいが，より計算コストの小さいグローシェーディングを用いるべきである.

10.2　点 $\mathbf{x}$ を通る水平な直線と直線 $\mathbf{x}_A\mathbf{x}_B$ との交点 $\mathbf{x}_D$ の座標は $[4,4]$ である.したがって，点 $\mathbf{x}_D$ は直線 $\mathbf{x}_A\mathbf{x}_B$ を $1:2$ に内分するため，$\alpha = \frac{1}{3}$ である.したがって，点 $\mathbf{x}_D$ の画像色 $\mathbf{I}_D$ はつぎのようになる.

$$\mathbf{I}_D = \frac{2}{3} \begin{bmatrix} 1 \\ 0 \\ 0 \end{bmatrix} + \frac{1}{3} \begin{bmatrix} 0 \\ 1 \\ 0 \end{bmatrix} = \begin{bmatrix} \frac{2}{3} \\ \frac{1}{3} \\ 0 \end{bmatrix} \tag{43}$$

また，点 $\mathbf{x}$ を通る水平な直線と直線 $\mathbf{x}_A\mathbf{x}_C$ との交点 $\mathbf{x}_E$ の座標は $[7,4]$ である．したがって，点 $\mathbf{x}_E$ は直線 $\mathbf{x}_A\mathbf{x}_C$ を $1:1$ に内分するため，$\beta = \frac{1}{2}$ である．したがって，点 $\mathbf{x}_E$ の画像色 $\mathbf{I}_E$ はつぎのようになる．

$$\mathbf{I}_E = \frac{1}{2}\begin{bmatrix} 1 \\ 0 \\ 0 \end{bmatrix} + \frac{1}{2}\begin{bmatrix} 0 \\ 0 \\ 1 \end{bmatrix} = \begin{bmatrix} \frac{1}{2} \\ 0 \\ \frac{1}{2} \end{bmatrix} \tag{44}$$

さらに，$\mathbf{x}$ は直線 $\mathbf{x}_D\mathbf{x}_E$ を $2:1$ に内分する点であることから，$\gamma = \frac{2}{3}$ である．したがって，点 $\mathbf{x}$ の画像色 $\mathbf{I}$ はつぎのようになる．

$$\mathbf{I} = \frac{1}{3}\begin{bmatrix} \frac{2}{3} \\ \frac{1}{3} \\ 0 \end{bmatrix} + \frac{2}{3}\begin{bmatrix} \frac{1}{2} \\ 0 \\ \frac{1}{2} \end{bmatrix} = \begin{bmatrix} \frac{5}{9} \\ \frac{1}{9} \\ \frac{1}{3} \end{bmatrix} \tag{45}$$

10.3　このポリゴンの3頂点間のベクトル $\mathbf{V}_1$，$\mathbf{V}_2$ および重心 $\mathbf{X}_c$ は，それぞれ以下のとおりである．

$$\mathbf{V}_1 = \begin{bmatrix} 3 \\ 0 \\ 0 \end{bmatrix}, \qquad \mathbf{V}_2 = \begin{bmatrix} 0 \\ 3 \\ 0 \end{bmatrix}, \qquad \mathbf{X}_c = \begin{bmatrix} 1 \\ 1 \\ 1 \end{bmatrix} \tag{46}$$

したがって，法線ベクトル $\mathbf{N}$ および光源ベクトル $\mathbf{L}$ は，以下のとおりである．

$$\mathbf{N} = \begin{bmatrix} 0 \\ 0 \\ 1 \end{bmatrix}, \qquad \mathbf{L} = \begin{bmatrix} \frac{2}{3} \\ \frac{1}{3} \\ \frac{2}{3} \end{bmatrix} \tag{47}$$

ランバートモデルより，コンスタントシェーディングにおけるこのポリゴンの輝度値は，以下のとおりとなる．

$$\begin{bmatrix} I_R \\ I_G \\ I_B \end{bmatrix} = (\mathbf{L} \cdot \mathbf{N})\begin{bmatrix} 0.5 & 0 & 0 \\ 0 & 0 & 0 \\ 0 & 0 & 1 \end{bmatrix}\begin{bmatrix} 1 \\ 1 \\ 1 \end{bmatrix} = \begin{bmatrix} \frac{1}{3} \\ 0 \\ \frac{2}{3} \end{bmatrix} \tag{48}$$

第11章

11.1　正解は③．もしも，$Z_X < Z_S$ であるような点 $\mathbf{X}$ が存在する場合には，シャドウマップ生成時において Z_S として Z_X が登録される．したがって，影領域判定時において $Z_X < Z_S$ となることはあり得ない．

11.2　本影の部分には光源から光が当たっていないため，面の向きが変わってもその輝度は変化しない．半影の部分には一部の光源からの光が当たっている．これらの光は半影部において拡散反射されるが，拡散反射は面の法線と光源方向との相対角に応じてその輝度が

変化する．したがって，半影部の輝度は面の傾きに応じて変化する．

第 12 章

12.1 半径 2，高さ 5 の円筒を次式のようにパラメトリック表現する．

$$
\mathbf{X} = \begin{bmatrix} 2\cos s \\ 2\sin s \\ 5t \end{bmatrix} \tag{49}
$$

ただし，$0 \le s \le 2\pi$，$0 \le t \le 1$ とする．つぎに，画像座標 x，y とパラメータ s，t の関係を以下のように定義する．

$$
s = \frac{2\pi u}{640} \tag{50}
$$
$$
t = \frac{v}{480} \tag{51}
$$

ここで，u，v はテクスチャー画像における座標値である．したがって，640×480 のテクスチャー画像は次式により円筒にマッピングできる．

$$
\mathbf{X} = \begin{bmatrix} 2\cos \dfrac{2\pi u}{640} \\ 2\sin \dfrac{2\pi u}{640} \\ \dfrac{5v}{480} \end{bmatrix} \tag{52}
$$

12.2 アフィン変換 $\mathbf{H}_a$ はつぎのように求められる．

$$
\mathbf{H}_a = \begin{bmatrix} 100 & 200 & 100 \\ 50 & 50 & 100 \\ 1 & 1 & 1 \end{bmatrix} \begin{bmatrix} 300 & 300 & 250 \\ 150 & 200 & 150 \\ 1 & 1 & 1 \end{bmatrix}^{-1} = \begin{bmatrix} 0 & 2 & -200 \\ -1 & 0 & 350 \\ 0 & 0 & 1 \end{bmatrix} \tag{53}
$$

12.3 式 (12.23) に基づき射影変換行列 $\mathbf{H}_p$ を求めると，以下のとおりとなる．

$$
\mathbf{H}_p = \begin{bmatrix} 10 & -30 & 130 \\ 0 & -5 & 60 \\ 0 & -2 & 18 \end{bmatrix} \tag{54}
$$

第 13 章

13.1 まず，視点 $\mathbf{C}$ から視線方向に伸ばした直線と，面 Σ_0 との交点 $\mathbf{X}_0$ を求める．Σ_0 は XY 平面であることから，この平面上の点を $[s,t,0]$ とパラメータ s，t を使って表すことにする．すると，式 (13.9) より交点 $\mathbf{X}_0$ について次式が得られる．

$$
\begin{bmatrix} 2 \\ 5 \\ 6 \end{bmatrix} - \frac{\alpha}{\sqrt{5}} \begin{bmatrix} 0 \\ 1 \\ 2 \end{bmatrix} = \begin{bmatrix} s \\ t \\ 0 \end{bmatrix} \tag{55}
$$

上式には s，t，α の三つの未知数に対して三つの線形方程式があることから，これを解くことで $\{s,t,\alpha\}$ が $\{2,2,3\sqrt{5}\}$ と求められる．したがって，$\mathbf{X}_0 = [2,2,0]$ である．

つぎに $\mathbf{V}_1$ を求める．面 Σ_0 は XY 平面であるから，その単位法線ベクトルは $\mathbf{N}_0 = [0,0,1]^\top$ である．したがって，式 (13.13) より $\mathbf{V}_1$ が以下のとおり得られる．

$$\mathbf{V}_1 = \mathbf{V}_0 - 2\left(\mathbf{V}_0 \cdot \mathbf{N}_0\right)\mathbf{N}_0$$

$$= \frac{1}{\sqrt{5}}\begin{bmatrix} 0 \\ 1 \\ 2 \end{bmatrix} - 2\left(\frac{1}{\sqrt{5}}\begin{bmatrix} 0 \\ 1 \\ 2 \end{bmatrix} \cdot \begin{bmatrix} 0 \\ 0 \\ 1 \end{bmatrix}\right)\begin{bmatrix} 0 \\ 0 \\ 1 \end{bmatrix} = \frac{1}{\sqrt{5}}\begin{bmatrix} 0 \\ 1 \\ -2 \end{bmatrix} \tag{56}$$

$\mathbf{V}_1$ が得られると，先と同様にして式(13.9)より $\mathbf{X}_1$ に関する以下の式が得られる.

$$\begin{bmatrix} 2 \\ 2 \\ 0 \end{bmatrix} - \frac{\alpha}{\sqrt{5}}\begin{bmatrix} 0 \\ 1 \\ -2 \end{bmatrix} = \begin{bmatrix} s \\ 0 \\ t \end{bmatrix} \tag{57}$$

ただし，面 Σ_1 は XZ 平面なので，パラメータ s，t を使って $[s, 0, t]$ と表した．上式を解くことで $\{s, t, \alpha\}$ が $\{2, 4, 2\sqrt{5}\}$ と求められる．したがって，$\mathbf{X}_1 = [2, 0, 4]$ と求められる.

13.2 面 Σ_1 の鏡面反射係数 K_{s1} は 0.0 であり鏡面反射しないので，点 $\mathbf{X}_1$ までの光線追跡をもとに I_0 を計算すればよい．ここで，面 Σ_1 は XZ 平面なので，その単位法線ベクトルは $\mathbf{N}_1 = [0, 1, 0]^\top$ である.

まず，$\mathbf{X}_1$ における直接光反射成分 I_1^D を計算する．そこで，$\mathbf{X}_1$ における光源方向 $\mathbf{L}_1$ を光源位置 $\mathbf{S}$ と先の問題で求めた $\mathbf{X}_1$ より以下のように求める.

$$\mathbf{L}_1 = \frac{\mathbf{S} - \mathbf{X}_1}{\|\mathbf{S} - \mathbf{X}_1\|} = \begin{bmatrix} 0 \\ 1 \\ 0 \end{bmatrix} \tag{58}$$

直接光反射においては鏡面反射と環境光反射を考えないことから，直接光反射成分 I_1^D が以下のように求められる.

$$I_1^D = (\mathbf{L}_1 \cdot \mathbf{N}_1)\,K_{d1}E_L = 0.8 \tag{59}$$

$K_1^R = K_{s1} = 0.0$ であるから，$\mathbf{X}_1$ における全反射光 I_1 は以下のとおりとなる.

$$I_1 = I_1^D + K_1^R \cdot I_2 = 0.8 \tag{60}$$

つぎに $\mathbf{X}_0$ における反射光 I_0 について考える．$\mathbf{X}_0$ における光源方向 $\mathbf{L}_0$ はつぎのように求められる.

$$\mathbf{L}_0 = \frac{\mathbf{S} - \mathbf{X}_0}{\|\mathbf{S} - \mathbf{X}_0\|} = \frac{1}{5}\begin{bmatrix} 0 \\ 3 \\ 4 \end{bmatrix} \tag{61}$$

したがって，$\mathbf{X}_0$ における直接光反射成分 I_0^D は，以下のとおりである.

$$I_0^D = (\mathbf{L}_0 \cdot \mathbf{N}_0)\,K_{d0}E_L = 0.16 \tag{62}$$

$K_0^R = K_{s0} = 0.5$ であるから，$\mathbf{X}_0$ における全反射光 I_0 は，以下のように求められる.

$$I_0 = I_0^D + K_0^R \cdot I_1 = 0.16 + 0.5 \cdot 0.8 = 0.56 \tag{63}$$

13.3 表 13.1 より，空気の屈折率は 1.00 であり，水晶の屈折率は 1.54 であることから，$n_1 = 1.00$，$n_2 = 1.54$ とすると，式(13.16)より，以下の式が得られる.

$$1.54(V_{2y} - V_{2z}) = \frac{\sqrt{2} - 1}{2} \tag{64}$$

$$1.54(\sqrt{2}V_{2z} - V_{2x}) = \frac{\sqrt{2} - 1}{2} \tag{65}$$

また，$\mathbf{V}_2$ は単位ベクトルであるから以下の式が成り立つ.

$$V_{2x}^2 + V_{2y}^2 + V_{2z}^2 = 1 \tag{66}$$

これら三つの式を連立して解くと $\mathbf{V}_2$ の解が二つ出てくるが，屈折角は $90°$ より小さいことから，$\mathbf{V}_1$ と $\mathbf{V}_2$ との内積が正となる以下の $\mathbf{V}_2$ が屈折方向となる.

$$\mathbf{V}_2 = \begin{bmatrix} 0.580 \\ 0.639 \\ 0.505 \end{bmatrix} \tag{67}$$

第 14 章

14.1　式 (14.7) より，形状係数は以下のように求められる.

$$F_{21} = \frac{F_{12}A_1}{A_2} = \frac{1}{2} \tag{68}$$

$$F_{31} = \frac{F_{13}A_1}{A_3} = 0 \tag{69}$$

$$F_{32} = \frac{F_{23}A_2}{A_3} = \frac{2}{3} \tag{70}$$

14.2　式 (14.18) より，単位面積あたりの放射光量は以下のように求められる.

$$\begin{bmatrix} D_1 \\ D_2 \\ D_3 \end{bmatrix} = \begin{bmatrix} 1 & -\dfrac{1}{6} & 0 \\ -\dfrac{1}{2} & 1 & -\dfrac{1}{3} \\ 0 & -\dfrac{2}{3} & 1 \end{bmatrix}^{-1} \begin{bmatrix} \dfrac{2}{3} \\ \dfrac{1}{2} \\ 0 \end{bmatrix} = \begin{bmatrix} \dfrac{13}{15} \\ \dfrac{6}{5} \\ \dfrac{4}{5} \end{bmatrix} \tag{71}$$

索　引

著 者 略 歴

佐藤 淳（さとう・じゅん）
　1984 年　名古屋工業大学工学部機械工学科卒業
　1996 年　英国ケンブリッジ大学大学院博士課程修了（情報工学専攻）
　1996 年　英国ケンブリッジ大学工学部助手
　1997 年　Ph.D.（ケンブリッジ大学）
　1998 年　名古屋工業大学工学部電気情報工学科助教授
　2004 年　名古屋工業大学工学部情報工学科教授
　　　　　 現在に至る

　　研究分野
　　　コンピュータビジョン，映像表現技術，撮像技術

編集担当　加藤義之（森北出版）
編集責任　石田昇司（森北出版）
組　版　アベリー
印　刷　日本制作センター
製　本　　同

情報工学レクチャーシリーズ
コンピュータグラフィックス　　　　　　　　　　　　© 佐藤 淳 2017
2017 年 11 月 7 日　第 1 版第 1 刷発行　　　【本書の無断転載を禁ず】

著　　者　佐藤 淳
発 行 者　森北博巳
発 行 所　森北出版株式会社
　　　　　東京都千代田区富士見 1-4-11（〒 102-0071）
　　　　　電話 03-3265-8341 ／ FAX 03-3264-8709
　　　　　http://www.morikita.co.jp/
　　　　　日本書籍出版協会・自然科学書協会　会員
　　　　　JCOPY ＜（社）出版者著作権管理機構 委託出版物＞

落丁・乱丁本はお取替えいたします.

Printed in Japan ／ ISBN978-4-627-81101-0